"先生の先生"が集中討議！ 2

子どもも教師も元気になる

「あたらしい学び」のつくりかた

～デジタルトランスフォーメーション時代の教育技術・学級経営～

堀田龍也
Horita Tatsuya

赤坂真二
Akasaka Shinji

谷　和樹
Tani Kazuki

佐藤和紀
Sato Kazunori

学芸みらい社

◇子どものカラダへの影響　身体能力の低下に懸念

休校による「子どもロコモ※」への影響

体力がなくなった　全体：44.8%

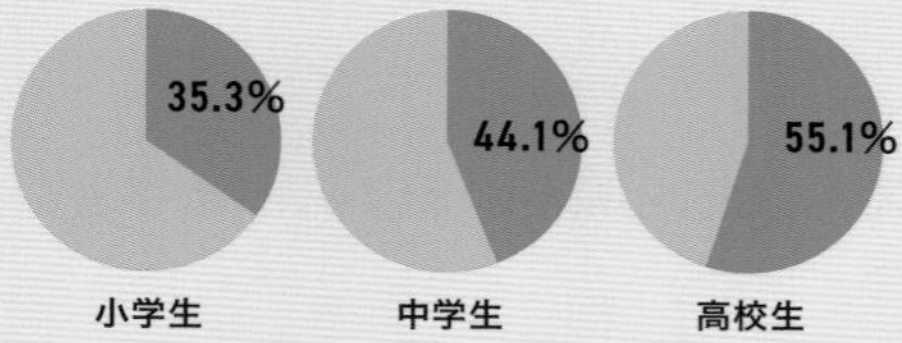

身体のどこかが痛くなった　全体：26.5%

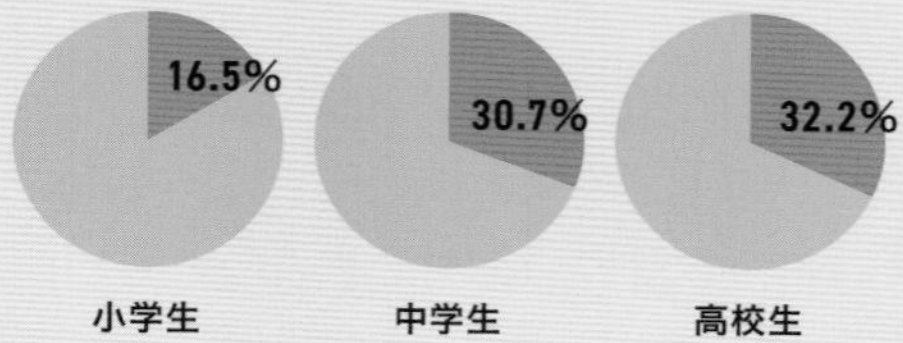

臨時休校や自粛生活による子どもたちの身体の変化に関する調査によると、「体力がなくなった」と答えた子どもは、小学生35.3%、中学生44.1%、高校生55.1%にも上りました。
同様に「身体のどこかが痛くなった」と答えた子どもは、小学生16.5%、中学生30.7%、高校生32.2%に上り、身体の不調や、体力の低下が懸念されています。

※ロコモティブシンドローム：運動器の障害のために移動機能の低下をきたした状態

日本臨床整形外科学会
「コロナ自粛後の身体変化に関するアンケート」(2020)

◇子どものココロへの影響　気力の低下に懸念

休校による「子どもロコモ」への影響

気力がなくなった　18.4%

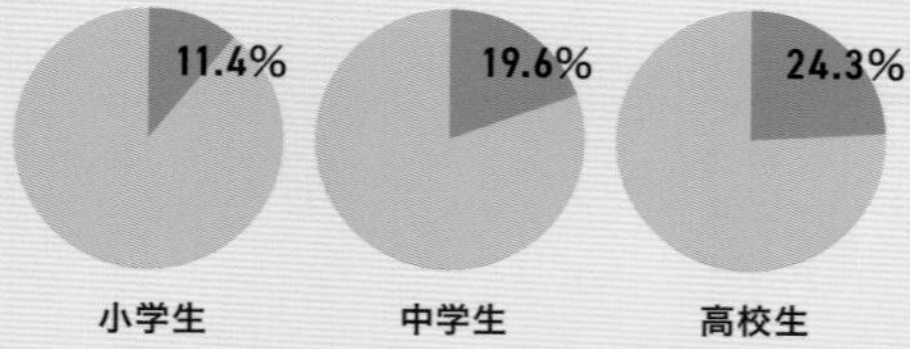

新型コロナウイルスによる生活の変化は、子どもの心理面にも大きな影響があることが懸念されています。文部科学省は、児童生徒の不登校に対するケアや、自殺予防について十分に留意し、生徒指導を行うことを学校に求めています。
調査でも、「気力がなくなった」と答える子どもが多く存在することを示しています。

日本臨床整形外科学会
「コロナ自粛後の身体変化に関するアンケート」(2020)

新型コロナウイルス感染症による影響
臨時休校中の学校教育の状況

2020 年 2月27日、政府より全国すべての小中高、特別支援学校を対象に「3月2日から春休みまでの臨時休校を要請する」との発表がありました。
今一度、コロナ期の学校をふり返ります。

◇学習のICT活用　コロナ期でも変わらない「紙」による学習

臨時休校中の家庭学習の様子

	割合
教科書や紙の教材を活用した家庭学習	100%
テレビ放送を活用した家庭学習	24%
教育委員会が独自に作成した授業動画を活用した家庭学習	10%
上記以外のデジタル教科書やデジタル教材を活用した家庭学習	29%
同時双方向型のオンライン指導を通じた家庭学習	5%
その他	12%

文部科学省「新型コロナウイルス感染症対策のための学校の臨時休業に関連した公立学校における学習指導等の取組状況について」(2020)

臨時休校中の教職員の働き方

	割合
在宅勤務（ICTを活用するものに限る）	23%
在宅勤務（ICTを活用するものを除く）	51%
時差出勤	32%
特別休暇の取得	63%
職務専念義務の免除	30%
その他	18%

文部科学省「新型コロナウイルス感染症対策のための学校における臨時休業の実施状況について」(2020)

2020 年 4月、公立・私立あわせて全国の約 95%の学校で臨時休校が実施されていました。
自治体への調査によると、その間の「同時双方向型のオンライン指導」は全体の 5% しか行われていませんでした。また、教職員の ICT を活用した在宅勤務も全体の 23%にとどまりました。

◇世界各地の学習のICT活用　あたりまえのオンライン授業

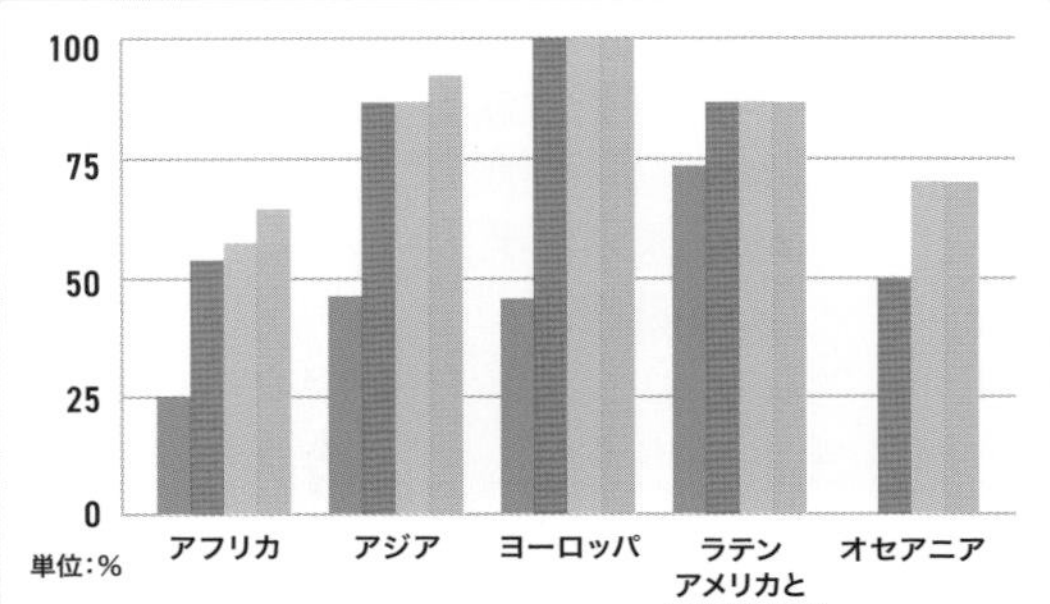

国連「Policy Brief:Education during COVID-19 and beyond」(2020)

臨時休校中の世界各地域のオンライン教育の実施割合

国連の報告によると、世界各地の臨時休校中のオンライン教育の実施率は、前述の日本のものよりも高い結果であることがわかりました。

初等教育では、アフリカ、オセアニアでは約 50%の実施率、それ以外の地域では 75%以上の高い実施率であったことが示されています。

◇世界トップレベルの「数学的、科学的リテラシー」と低下する「読解力」

PISA2018調査結果（OECD加盟国における比較）

順位	読解力	平均得点	数学的リテラシー	平均得点	科学的リテラシー	平均得点
1	エストニア	523	日本	527	エストニア	530
2	カナダ	520	韓国	526	日本	529
3	フィンランド	520	エストニア	523	フィンランド	522
4	アイルランド	518	オランダ	519	韓国	519
5	韓国	514	ポーランド	516	カナダ	518
6	ポーランド	512	スイス	515	ポーランド	511
7	スウェーデン	506	カナダ	512	ニュージーランド	508
8	ニュージーランド	506	デンマーク	509	スロベニア	507
9	アメリカ	505	スロベニア	509	イギリス	505
10	イギリス	504	ベルギー	508	オランダ	503
11	日本	504	フィンランド	507	ドイツ	503
12	オーストラリア	503	スウェーデン	502	オーストラリア	503
13	デンマーク	501	イギリス	502	アメリカ	502
14	ノルウェー	499	ノルウェー	501	スウェーデン	499
15	ドイツ	498	ドイツ	500	ベルギー	499
	OECD平均	487	OECD平均	489	OECD平均	489

（参考）
PISAの「読解力」の定義
自らの目標を達成し、自らの知識と可能性を発達させ、社会に参加するために、テキストを理解し、利用し、評価し、熟考し、これに取り組むこと。

［破線枠］は日本の平均得点と統計的な有意差がない国

OECD
「生徒の学習到達度調査PISA」（2018）

「数学的リテラシー」「科学的リテラシー」については、引き続き世界トップレベルの結果でした。しかし「読解力」については、全参加国・地域中15位であり、前回よりも平均得点・順位ともに低下しています。

これは、2018年調査からコンピューター使用型の調査（CBT）に移行したため、日本の子どもたちが機器の操作に慣れていないことや、ウェブサイトや電子メールなどのデジタルテキストを用いた問題形式であることなどが要因の一つと考えられています。

◇民間との比較　塾や習い事はいち早くオンラインに

学校の先生からオンライン授業を受けている割合

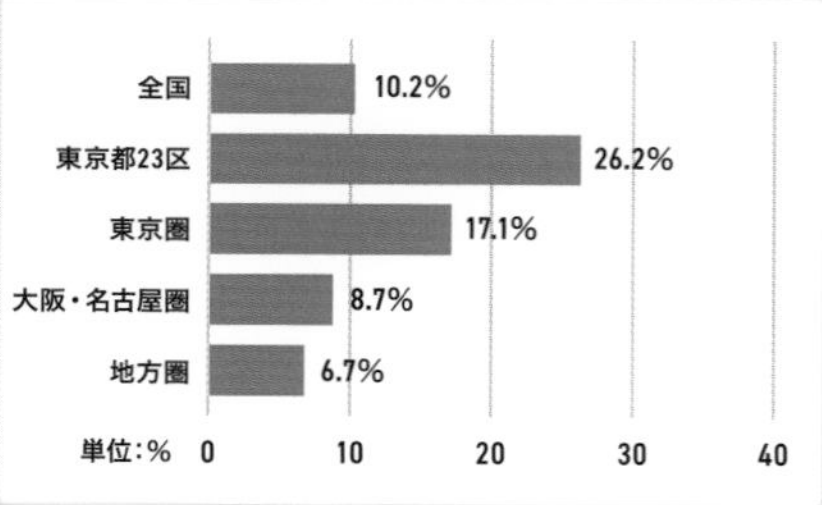

学校以外の塾や習い事でオンライン授業を受けている割合

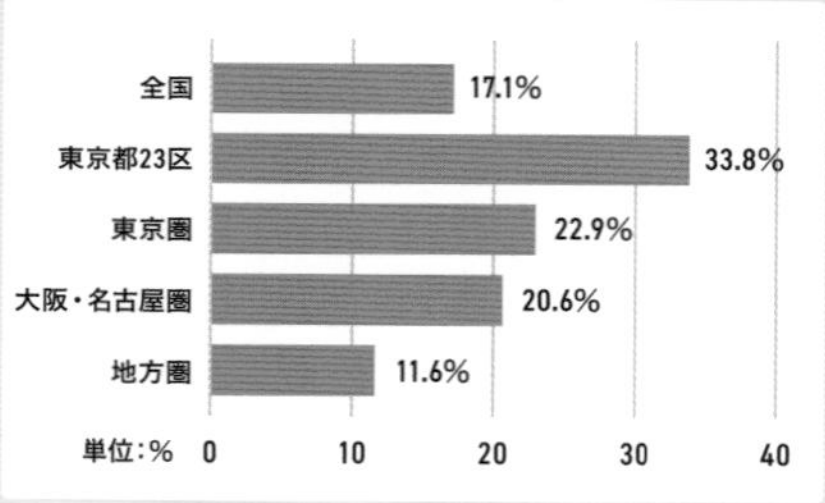

内閣府「新型コロナウイルス感染症の影響下における生活意識・行動の変化に関する調査」（2020）

内閣府の調査によると、都市・地方問わず、学校の先生からよりも、学校以外の塾や習い事でオンライン授業を受けている割合が多いことが分かりました。

家庭と学校の乖離をどう少なくしていくのかも喫緊の課題といえます。

遅れる日本の学校教育のICT活用

PISA2018で指摘された課題

世界中の学校が臨時休校となり、オンライン授業に切り替わる中、日本の ICT 活用の遅れが顕在化しています。2018 年の OECD による「生徒の学習到達度調査(PISA)」では、ICT 活用の遅れによる課題がすでに指摘されていましたが、改めて浮き彫りとなりました。

◇授業でのICT機器利用時間　OECD加盟国中最下位

1週間のうち、教室の授業でデジタル機器を利用する時間

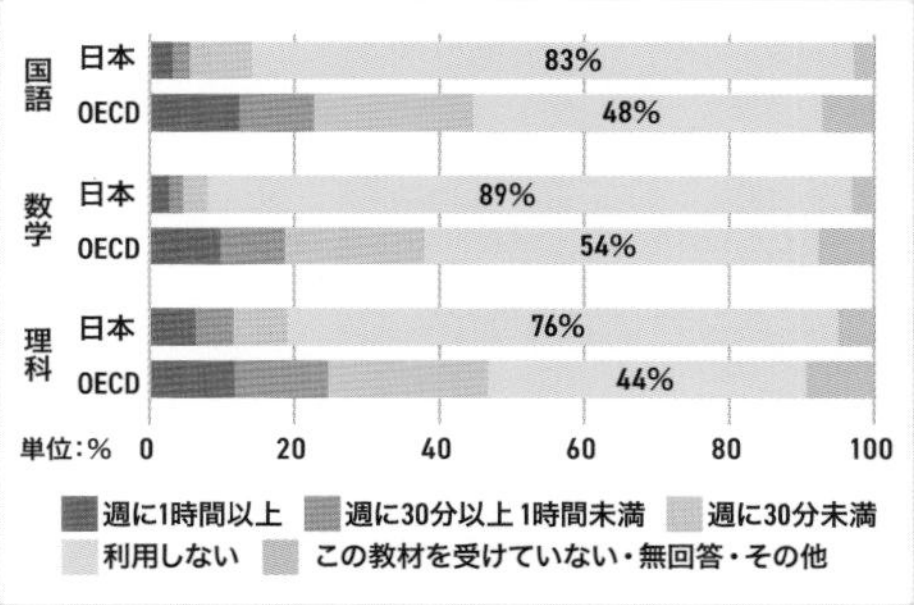

授業でデジタル機器を「利用しない」と答えた日本の生徒の割合は、平均 80% に及び、OECD 加盟国の中で最も多い割合でした。
さらに、デジタル機器を利用する時間も他国に比べ短く、特に国語・数学・理科では、最下位の結果です。教室に備え付けの電子黒板等の普及率も低く 20 年前の教室と変わらないという指摘もあります。

OECD「生徒の学習到達度調査PISA」(2018)

◇学校外のICT機器の利用状況　偏ったICT機器の使い方

学校外での平日のデジタル機器の利用状況

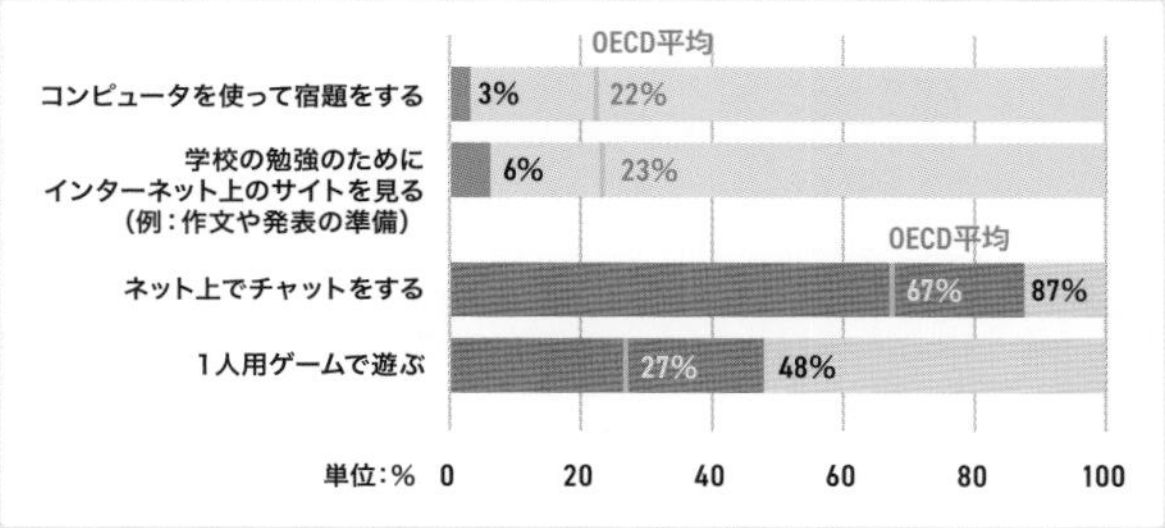

OECD「生徒の学習到達度調査PISA」(2018)

一方で、学校外でのデジタル機器の利用状況は、他国と比較して、ネット上でのチャットやゲームを利用する頻度の高い子どもの割合が多く、その増加の程度も著しい反面、コンピューターを使って宿題をする頻度が OECD 加盟国中最下位と、特徴的な結果となりました。
日本の子どもたちは、コンピューターや携帯電話を、遊びのツールとして利用していることが分かります。

GIGAスクール構想をはじめ、遠隔・オンライン教育など、ICTを活用した「あたらしい学び」について議論が行われています。「生涯学び続ける時代の子どもたちに求められる力」を保障する取組をキーワードで紹介します。

◇学びの保障　感染症や災害を乗り越えて

今後、大きな変化が連続する時代（VUCA※の時代）となると予想されています。新たな感染症や自然災害などの緊急事態であっても、子どもたちの学びを止めずに教育活動を行い、学びを保障することがますます重要となります。

※Volatility（変動性）、Uncertainty（不確実性）、Complexity（複雑性）、Ambiguity（曖昧性）の頭文字を並べた語

◇教育データの利活用　子どもの力を最大限引き出す

個に応じた指導の充実のために、さまざまなデータをクラウドに保存して分析・活用することが期待されています。

①スタディ・ログ

個人の学習履歴をデータ化し、学習計画の作成や最適な教材の提供等を実現します。

②オンライン学習システム（CBT システム）

学習のアセスメント（評価・査定）を学校・家庭でデジタル機器で行うことができるシステムです。

③教育データの標準化

データを相互活用・分析できるように、規格を揃える取組です。例として、学習指導要領の内容・単元等に共通コードを設定する取組などがあります。

◇ベストミックス　「二項対立」ではなく最適な組み合わせ

これまでの教育実践の蓄積 × ICT ＝ 学習活動の一層の充実
主体的・対話的で深い学びの視点からの授業改善

「一斉授業か、個別学習か」「履修主義か習得主義か」「デジタルかアナログか」「遠隔オンラインか対面オフラインか」といったような、どちらかが 100%でもう片方が 0%ということではなく、効果的な教育の実現のために、適切に組み合わせていくことが重要と強調されています。

参考：文部科学省「『令和の日本型学校教育』の構築を目指して（中間まとめ）」（2020）
文部科学省「学習指導要領（平成29告示）」

教育のデジタルトランスフォーメーション(DX)

誰一人取り残すことのない学びを、ICTを活用することで実現する

◇GIGAスクール構想　文房具としてのICT機器

1人1台の端末と、高速大容量の通信ネットワークを一体的に整備する取組です。
特別な支援を必要とする子どもを含め、多様な子どもたちを誰一人取り残すことなく、資質・能力をより一層確実に育成することを目的としています。

◇学校生活のあらゆる場面でのDX　場面別の具体例

教科等の学習場面

- デジタル教科書と学習コンテンツを活用した個別最適な学びの実現
- 不登校・障害のある児童生徒や、日本語指導が必要な児童生徒への適切な支援

特別活動・教科外活動

- 児童・生徒会や委員会活動の連絡調整をオンライン上のチャットルームで行う
- 係活動の希望調査等をクラウド上の、フォームで行い、ドキュメントで整理して発表

保護者・地域との連携

- ICTを活用した、学校便りやお知らせ、緊急連絡等のコミュニケーションの促進
- 健康診断情報等の学校医やスクールカウンセラーとの連携による問題の早期発見・解決

◇「個別最適な学び」と「協働的な学び」

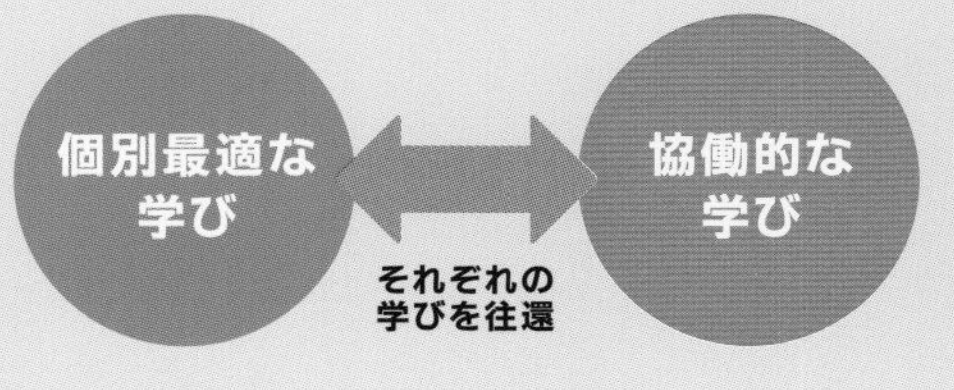

教育の質の向上をめざす両輪

今後目指すべき教育の両輪は、学習の個性化による「個に応じた指導」と、学び合いや、地域・社会と行う探究的な学びなどの「協働的な学び」です。そのためにも、ICTを効果的に活用していく必要があります。

◇情報活用能力　学習の基盤となる力

情報活用能力とは、情報技術に関する理解や、情報活用方法の理解にもとづいて問題解決や探究を行う際の、情報を活用する力のことです。
新しい学習指導要領では、言語能力や問題発見・解決能力と同様に、教科の枠をこえて、全ての学習の基盤として育まれ、活用される資質・能力として位置づけられています。

誰一人取り残さない学びを「教育のデジタルトランスフォーメーション（DX）」を通して実現する

解説　佐藤和紀

２０２０年２月27日、新型コロナウイルスの感染拡大の影響を鑑み、政府より全国すべての学校を対象に、臨時休校の要請がありました。前代未聞の臨時休校は、多くの地域でほぼ６月まで続き、行事の削減や、土曜授業の実施等の形で長く影響が残り続けています。また、５月には政府より「コロナ禍中でも子供たちの健やかな学びを保障する」という通知が出され、家庭や学校にすでにある機器や環境を最大限活用して「ＩＣＴの活用による学びの保障」についても行うこととなりました。

しかしながら、実際の学校現場では「同時双方型のオンライン指導」の実施率は５％にとどまり、コロナ禍中においても、これまでと同様の紙中心の学びを継続していたことが調査で分かっています。国連の報告によると、諸外国と比較しても、実施割合の低さは際立っていました。日本の学校教育におけるＩＣＴ活用の遅れは、ＯＥＣＤが定期的に行っている「生徒の学習到達度調査（ＰＩＳＡ）」でもこれまでも指摘されてきました。特に、ＣＢＴ（コンピュータを活用したテスト）形式に移行した２０１８年の調査では、日本の子どもたちの「読解力」低下の一因とも分析されており、既存の課題がコロナ禍により改めて浮き彫りになっています。

本書は、コロナ禍の状況を受けて、前著で議論されたSociety5.0時代に求められる学校教育のあり方を、さらに具体的に議論したシリーズ第２弾の書籍です。「教育のデジタルトランスフォーメーション（ＤＸ）※」をキーワードに、「教育技術」「学級経営」を通して「あたしい学び」を実現するためにはどうしたらよいか。小学校教師の経験を持つ３名の教授からの提言をまとめました。

※教育のデジタルトランスフォーメーション
子どもの力を最大限引き出すために、デジタル技術をデフォルト（通常）として活用し、より効果的な教育を実現すること。

“先生の先生”が集中討議！ 2

子どもも教師も元気になる

「あたらしい学び」のつくりかた

〜デジタルトランスフォーメーション時代の教育技術・学級経営〜

目次

口絵
教育のデジタルトランスフォーメーション……佐藤和紀

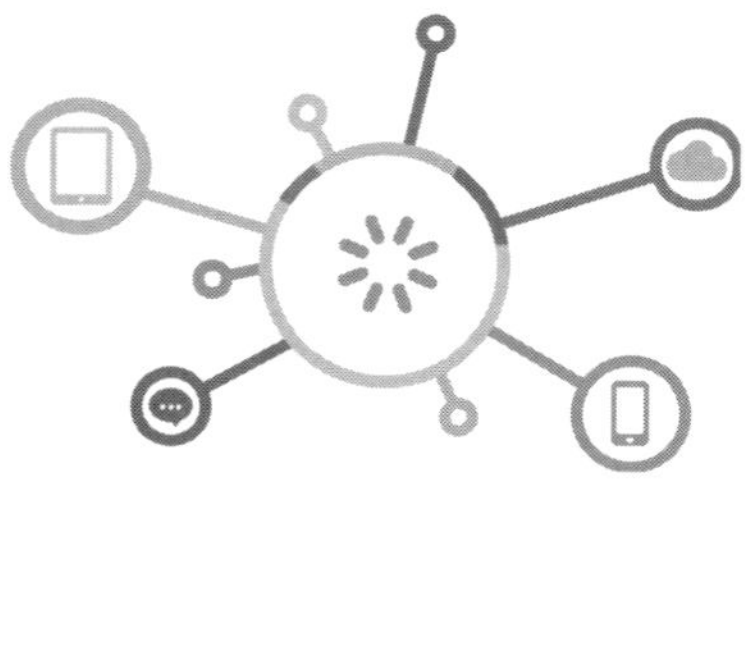

第1部 コロナ禍中・GIGAスクール時代前夜の教育 5

第1章 コロナ禍の子どもたちと先生 6

第2章 コロナ禍でも通用する教育技術的アプローチ 32

第3章 コロナ以前から問題視されている日本の教育体制の弱点 51

第1部 解説 ● 若い感性を伸びやかに発揮できる現場に……谷 和樹 81

第2部　Ｗｉｔｈコロナ・ＧＩＧＡスクール時代の教育　85

第1章　オンラインにおける教育技術の可能性　86

参考図書紹介　手塚美和　110

第2章　Ｗｉｔｈコロナでも人とつながっていくために　112

参考図書紹介　岡田広示　137

第3章　デジタルトランスフォーメーションに対応する「学び」のあり方　139

参考図書紹介　三井一希　169

第2部　解説●子どもたちにとって最適な学びの環境を……………赤坂真二　171

第3部 〝先生の先生〟に聞く もっと知りたいQ&A 175

Q.1 オンラインでの人間関係の形成……176
Q.2 熱中軸……186
Q.3 評価・見取り……192
Q.4 教師の機能・役割……198
Q.5 職員集団・校内研修……202
Q.6 メンタルケア……205
Q.7 教師修業・スキルアップ……214
Q.8 分業制……220
Q.9 ハイブリッド学習……224
Q.10 管理職・自治体……228

あとがき……堀田龍也 233

※本書は二〇二〇年一〇月五日（月）にオンライン上で行われた堀田龍也氏、赤坂真二氏、谷和樹氏による鼎談を基に構成されています。当日のコーディネート役は佐藤和紀氏が務めました。

第1部

コロナ禍中・GIGAスクール時代前夜の教育

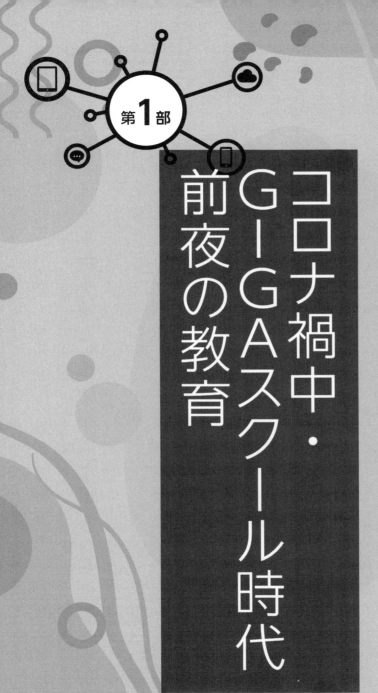

第1章　コロナ禍の子どもたちと先生

コロナを経験して――今回の鼎談の意義

佐藤（司会）▼　前著は『「これからの教室」のつくりかた』というタイトルでした。Sosiety5.0[1]であるとか、人口減少社会、STEAM教育[2]、SDGs[3]というような話の中で、「これからの教室、これからの教師はどうあるべきか」というようなお話をしていただきました。

佐藤和紀氏

しかし、コロナ禍[4]になって、さらにGIGAスクール構想[5]が前倒しになったということで、「これから」を再提議していかなければいけないという意味で、今回の企画に至りました。

今回の論点ですが、一つ目は「PISA2018[6]」で見えてきた課題につ

(1) 内閣府が提唱した、我が国が目指すべき未来社会の姿のこと。サイバー空間（仮想空間）とフィジカル空間（現実空間）を高度に融合させたシステムにより、経済発展と社会的課題の解決を両立する、人間中心の社会（Society）とされている。IoT（Internet of Things）で全ての人とモノがつながり、様々な知識や情報が共有され、今までにない新たな価値を生み出すことで、社会的課題や困難を克服する社会を目指す。

(2) Science（科学）、Technology（技術）、Engineering（工学）、Art（芸術）、Mathematics（数学）等の各教科での学習を実社会での課題解決に生かしていくための教科横断的な教育のこと。

(3) 持続可能な開発目標を示し、二〇三〇年までに持続可能でよりよい世界を目指す国際目標のこと。

いてです。

日本の子どもたちは、コンピュータ画面上での長文読解はあまりできないというような結果が出ています。この状況で、オンラインになったらどうなるのかという議論をしていかなければいけないでしょう。これはＧＩＧＡスクール構想によって一人一台の端末を持ったときに、どういうふうに指導していかなければいけないかというような話にもつながります。

また、「ＰＩＳＡ２０１８」では、日本の子どもは娯楽ではＩＣＴを使ってるけれど、学習ではＩＣＴを使っていないという結果も出ています。コロナ禍でオンライン授業を始められた

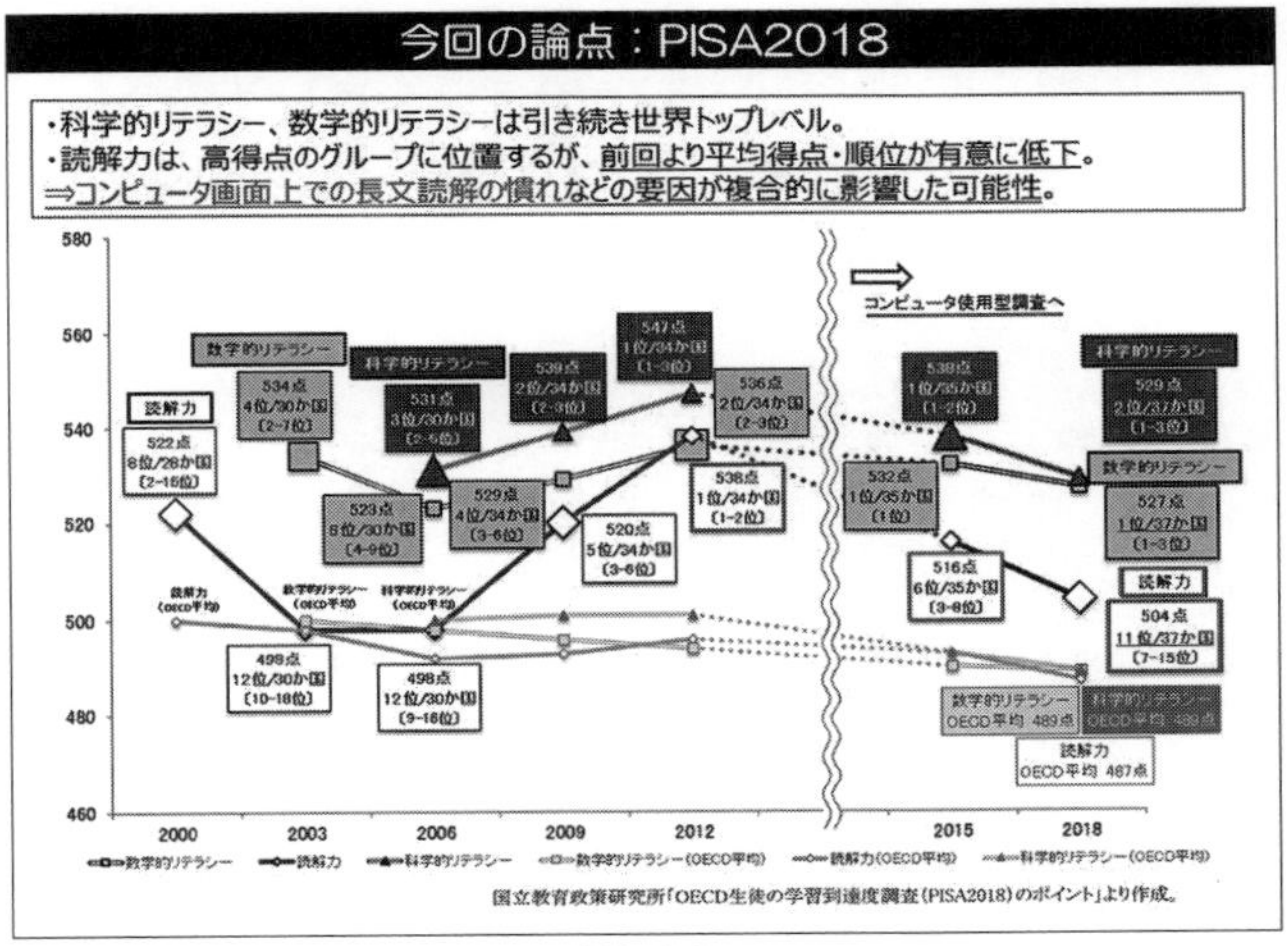

図1-1-1

(4) 新型コロナウイルス感染症（COVID-19）が招いた危機的・災厄的な状況のこと。

(5) 児童生徒向けの一人一台端末と、高速大容量の通信ネットワークを一体的に整備し、多様な子どもたちを誰一人取り残すことのなく、公正に個別最適化された創造性を育む教育を、全国の学校現場で持続的に実現させる構想。

(6) 詳しくは五一ページ～の堀田氏の説明を参照のこと。

学校というのは、ＩＣＴを学習に使ってきた学校であって、そうじゃなかった学校というのは、なかなかそれに至らなかった、踏み込めなかったというような実態も露呈したといわれています。

それから、遠隔・オンラインでの学習が、二〇二〇年四月一六日時点でどのくらい普通高校で行われていたかというと、同時双方向で家庭学習ができていたというところは、だいたい全体の五％に留まっていたという調査があります。七月、八月時点では少し増えていますけれども、一番やらなければいけなかった時期にこれだけだったというのも、日本の課題の一つでしょう。

このような中で学級経営をどうしていくか、あるいは教育技術をどう発揮していくか、どういう教育技術を身に付けていけばいいかということも、今、課題になっていることだと思います。

これから、対面とオンラインを組み合わせたハイブリッドなスタイルの学習をして、ＧＩＧＡスクール構想を迎え、展開していこうという話になっています。そのときにクラスの役割というのはどうあっていくのかということも、改めて捉え直さなければいけないと思います。

ＧＩＧＡスクール構想は、情報端末とWi-Fiが前提で行われるので、多額の税金が投入されています。また、クラウド(7)も前提になっているので、今までの延長ではありません。今までの環境ではない、今までの考え方、価値観ではないという話にもなってきています。

今年の四月と来年の四月では、学校の学習環境というのは全く違うものになっていて、それをどう対応させていくかということを、学級経営と教育技術とICT活用の視点から改めて捉え直していかないといけないんじゃないでしょうか。

二つ目の論点は、休校中の学校の状況とその対応はどうだったかということを、三人の先生方のそれぞれの視点からお話しいただくということです。休校の中で露呈してしまったこと、休校中の教師の役割というのはどうだったのかという話です。教師はあまり元気ではなかったとか、子どもに会えないとはこういうことなんだということを、先生たちは感じてきたと思います。「教師の役割を捉え直していく」というような話を伺いたいと思います。

ということで、赤坂先生からお願いいたします。

(7) 様々な形で機関内に設置したサーバ等のシステムに蓄積している情報をインターネット回線を利用して、外部のデータセンターに集約して保存すること。

休校から分散登校――子どもたちと先生のリアル

赤坂真二氏

赤坂▼ では、画面共有させていただきます。(8)

今、ＧＩＧＡスクール時代前夜といわれている状況ですけれども、コロナ禍が始まったときから、子どもたちは一体どのように過ごしてたのかという具体的な話からしていきます。

ゴールデンウィークの頃に、ある新聞社の企画で、小学校の中学年から高学年の子どもたち二〇名ぐらいがオンラインで座談会をするということがありました。まだ、ほとんどの子どもたちが学校に行けていないような状況の中で、都市圏の子どもたちが中心でした。

当時は、子どもの周辺にいるいろいろな大人たちからの発信のみで、子どもの情報などが共有されていた時期だったと思います。このコロナ禍の問題というのは、最初、感染予防が中心だったのが、だんだん経済の問題が議論の中心になり、やがてストレスが問題視されるようになりました。しかしその中で、子どもたちが直接発信するということはなかなかなかった。ですか

(8) 今回の鼎談はオンラインで行われたため、先生方は画面共有を利用して資料を提示していた。

ら、この座談会は非常に興味深い、貴重な情報だったなあと思って聞いておりました。

まず、ファシリテーター（司会進行・調整役）の方が、「二月末に休校が決まったときに、どんなことを思ったの？」と聞いたら、子どもたちは「急に学校がなくなって友達と会えなくて寂しくなった」とか、「楽しみにしていた行事ができなくなって残念だった」とか言っていました。中には「ぶっちゃけ嬉しかった。だって学校に行かなくてすむし、プリントがいつもより少ないし」と歓迎する子どももいました。

しかし、四月になり、新学年になっても休校だと分かったときにどう思ったかという話になると、「始業式だけあってクラスが分かったけど、その後も一回でいいから授業をしたかった」という意見が出てきました。つまり、始業式だけやって、そのまま休校になってしまったということです。「三月の宿題が全部終わったと思ったら、新しい課題がまた出てきて、嫌だった」というように子どもたちは言っていました。

逆に「なんで始業式をやったんだろう」と言う子もいました。教室に入らず、体育館でやったらしいのですが、「体育館にはたくさん人が集まるじゃないか。

感染しちゃうじゃないか」と思ったそうです。この時期になると、子どもたちの「何か今までと違うことが始まったぞ」というちょっとワクワク感にも似た高揚感が、少し落ち着きを見せて、学校に行けないことや、次々と出される課題に対する負担感を覚え始めたんですね。そして、この頃になると、ようやく子どもたちも感染に対する恐怖感を感じてきたということが分かりました。

大都市圏を中心に、ゴールデンウィークが明けても休校だということが分かると、「お出かけも一応したんだけど、ほとんど家だから、家の中にいるとモヤモヤしちゃうし、ストレスもたまってきた」というような反応が増えてきます。「ずっと家にいると、暇で本当に頭がおかしくなる」「最初はよかったけど、ずっと家にいるとストレスがたまって、宿題とかぶっ叩いちゃうんだよね」みたいに、明らかにストレス反応を示していました。お菓子の〝やけ食い〟とか〝どか食い〟みたいなものもあり、ストレスが体に出てきているということがうかがわれるコメントが続きました。

さて、ゴールデンウィーク明けぐらいから分散登校(9)などの措置が始まってきました。分散登校というのは、当時のマスコミの論調でいくと、カリキュ

(9) 児童生徒を複数のグループに分けた上で、それぞれが限られた時間、日において登校する方法。

ラムや時間割が煩瑣複雑になって、よくないんじゃないかということで、批判的な意見が多かったように感じます。では、実際の学校現場はどうだったのでしょうか。

あるネットニュースのインタビュー記事で、特別支援学級の先生は、このように言っていました（前屋毅「分散登校で分かった、再開後の学校に待ち構える深刻な問題」Yahoo! JAPANニュース二〇二〇年六月二日（火）（二〇二〇年六月四日閲覧）https://news.yahoo.co.jp/byline/maeyatsuyoshi/20200602-00181414/）。

「予想に反して、分散登校のときの学校では、子どもたちは安定して過ごしていた。私が担任するクラスの児童は高学年で、大半がＩＱ的には問題がなくて学力の遅れも小さいんだけど、通常学級に馴染めないという理由から特別支援学級に来ている。そういう子どもたちが特別支援学級に入ったからといって、必ずしも安定するわけじゃない。しかし、なぜか分散登校のときにはとても安定した精神状態のように見えた」

なぜかと思い、子どもに聞いてみると、「休み時間に行事の準備をしたり、いろいろなことをやらされることがないのでうれしい」という回答だったそうです。取材された先生と知り合いだったので詳しく聞いてみると、自分のクラスだけでなく、学校全体にゆっくりとした空気が流れていたと言います。マスコミは「分散登校によって混乱した」という論調でしたが、実は〝追われる日常〟からの解放を子どもたちにもたらしたという一面があるようです。

　これは学校関係者なら皆分かっていることなんですが、今、小学校はすごく忙しくて、高学年になると、休憩時間といいながらも委員会の呼び出しや、行事関係の仕事がたくさんあって、休みを取れなかったりするんです。分散登校中はそういった行事の予定がなかったので、準備・練習をする必要もなく、休み時間らしい休み時間が過ごせていたということなんですね。

　実は教員も同じで、分散登校の段階では、まだカリキュラムがどうのこうのという話ではなく、「とりあえず子

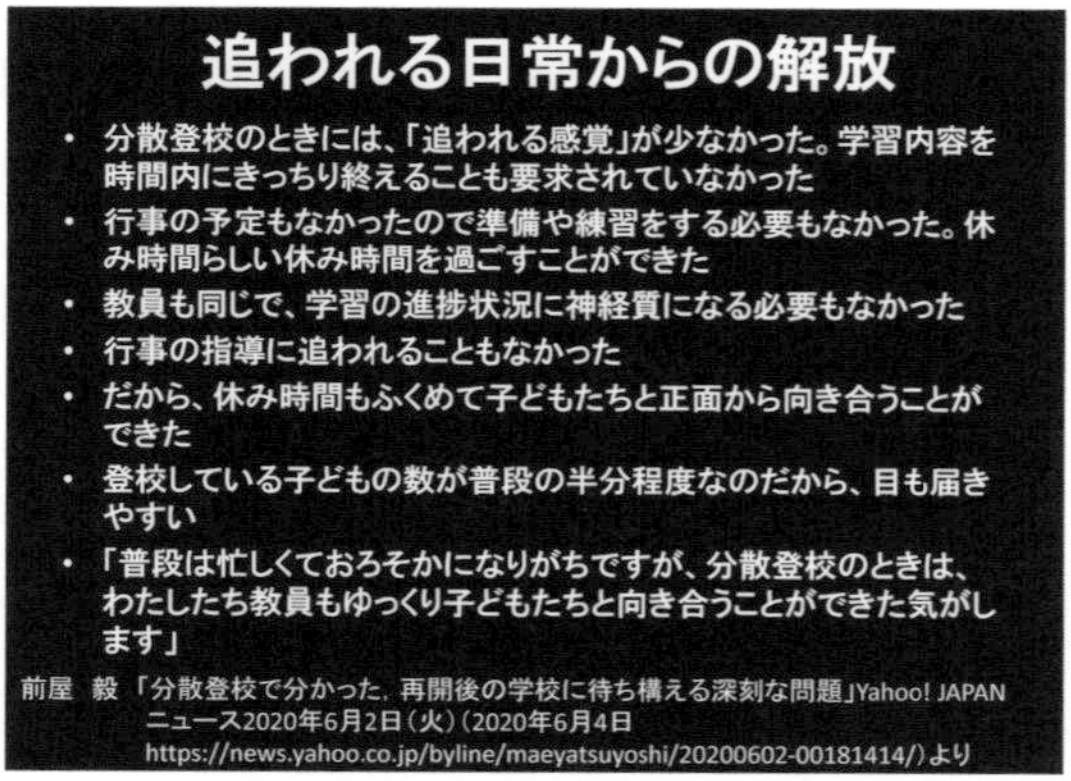
追われる日常からの解放
・分散登校のときには、「追われる感覚」が少なかった。学習内容を時間内にきっちり終えることも要求されていなかった
・行事の予定もなかったので準備や練習をする必要もなかった。休み時間らしい休み時間を過ごすことができた
・教員も同じで、学習の進捗状況に神経質になる必要もなかった
・行事の指導に追われることもなかった
・だから、休み時間もふくめて子どもたちと正面から向き合うことができた
・登校している子どもの数が普段の半分程度なのだから、目も届きやすい
・「普段は忙しくておろそかになりがちですが、分散登校のときは、わたしたち教員もゆっくり子どもたちと向き合うことができた気がします」
前屋　毅「分散登校で分かった．再開後の学校に待ち構える深刻な問題」Yahoo! JAPANニュース2020年6月2日（火）（2020年6月4日
https://news.yahoo.co.jp/byline/maeyatsuyoshi/20200602-00181414/）より

図1-1-2

どもたちが学校に来てよかった」とか、「勤務できるようになってよかった」という状態でした。学習の進捗状況に神経質になる必要も、行事の指導に追われることもなかったんです。だから、休み時間も含めて、子どもたちと正面から向き合うことができました。登校している子どもの数は普段の半分程度なのだから、目も届きやすかったんですね。実はこの時期に何人かの先生方に話を聞いたのですが、「子どもたちと一緒にいることが楽しい」「子どもたちってかわいいですね」という意見をたくさん聞きました。

普段は忙しくて疎かになりがちだった子どもとの触れ合いが、分散登校のときはゆっくりとできて、いい時間を過ごすことができたようです。

養護教諭の先生方もそれを感じていたようです。前掲の記事では、普段から五月は保健室への入室、来室が多いのですが、分散登校の今年はほとんどいなかったということです。

他にも、いくつかお聞きしています。ある校長先生は、「今、うちの学校、すごくいいですよ」と言うんです。職員レクリエーションが復活したと嬉しそうに教えてくれました。また、別の先生からは、ケーキ作りが得意な先生がケーキを作って振る舞ってくれたとか、お昼休みにランチ会をしたとか、そんな話も聞かれました。また、定時退勤が当たり前になって家族が非常に喜んだという話もあります。あるベテラン教員は「こんなゆったりとできたのは新採用以来、初めてのことです」と言って、分散登校を歓迎していました。

子どもたちと先生のメンタルヘルス

赤坂▼　しかし一方で、本格スタートへの懸念というのも同時に指摘されていました。分散登校が終わって、一気に通常モードになったとき、子どもたちが、そして教職員はいったいどうなるのかという話だったと思います。

国立成育医療研究センター(10)のデータを見てみると、子どもたちがストレスを感じていたということは量的な調査で割と明らかになっています。四月〜五月の調査では、「コロナのことを考えると嫌な気持ちになる」など、何らかのストレス反応を示す子どもたちが七五％いたということです。何らかの心の負担を感じる保護者も六二％ほどいました。

これが、六月後半の二回目の調査のとき、中間調査の発表でいうと、さっきのスコアより数％は減っているんですが、やっぱり相変わらずコロナに対

(10) 小児医療・思春期医療・母性医療・父性医療・生殖医療・胎児医療及び関連・境界領域を包括する成育医療に関し、研究開発、医療提供等を行う成育医療の中核的機関。

してストレスを感じているという結果が出ていました。

六月になって、子どもたちがストレスを感じている状況で、登校が再開した学校がほとんどだったわけですね。そして、そのときに、大都市圏を中心に「失われた時間を一気に取り戻す」という勢いで、いろいろな取組が始まったことは、ご存知の方も多いと思います。

ある学校の対応を例に挙げます。

六月から三月まで、月二回、土曜授業をやります。夏休みは短縮。水泳指導、避難訓練、宿泊合宿、こういったものは全てなくなったということです。研修が少なくなるのはいいことかもしれませんが、初任者の方は大変ですよね。団体行事は全面禁止のため、この学校では運動会は中止になりました。さらに、教室内会話禁止、体育でマットなど共有物を使用する運動はすべて禁止ということでした。ちなみに、今はボールだけは解禁されたそうです。けれども、鉄棒や跳び箱等、共有物は使えないということです。

休憩時間は、学年ごとに決められたエリアだけを使用していいということでした。ソーシャルディスタンス(11)だけじゃなく、関わりも制限されているということになります。そして、ここはちょっとおもしろいところですが、清

(11) 新型コロナウイルス感染症(COVID-19)の感染対策として掲げられた「新しい生活様式」の一つで、人との間隔をできるだけ二m空けることを促す言葉。

掃を禁止してドリル学習をさせています。清掃禁止の代わりがなぜドリル学習なのか、よく分かりませんが(笑)。

子どもたちからしてみれば、ただでさえウイルス感染の恐怖へのストレスがある中、このような学校の変容はさらに追い打ちをかけているわけです。

その他にも、長く続いた休校の中で、通常とは違う問題が生じています。中学生は特に深刻だそうですが、生活のリズムが崩れて昼夜が逆転した子どもたちの問題。家族不和の中に、ずっと向き合わなきゃいけなくなった子どももいます。小学校高学年から中学生を中心に、勉強が遅れるのではないかという心配。それから、これは中学校の担任の先生方がよく言うんですが、新中学一年生は、卒業式も入学式もきちんとやっていない状態で、小学七年生みたいな感覚で入ってきているそうなんです。区切りとか儀式をやってこないからなのか、中学生としての自覚がない。そして、中学校生活はモチベーションが上がらない。更に、人間関係がつくられていかないというストレスもある。子どもたちが楽しみにしていた、人と人とが関わっていくダイナミックな行事が、軒並み縮小されたり中止になったりしていることも影響しています。

そういう中で、失われた時間を取り戻すかのように詰め込む授業。「教え込み」というふうに言っていましたね。教え込んで、とにかく教科書を終わらせるという、そういったところに関心が向いているという状況があります。

子どもたちのストレス状況に対して、学校はどれくらい気付いて配慮しているのかと考え、私はゴールデンウィークの真っ只中、五月四日、五日の辺りに、二〇〇人ぐらいの先生方にアンケート調査をしました。主に教諭職の先生方を対象としています。

コロナ禍において、先生方に「今、何が気になりますか」と聞いたとき、「子どもの心身」と答える先生方は四人に一人くらいでした。あとは学習とか見通しとか、そういったところに大きな関心があって、学級経営にはほとんど関心がないという状況です。「これからどうなるんだろう」ということが関心の中心で、「子どもたちはどうしてるかなあ」というのは四人に一人くらいでした。

その先生方に、「職員室の先生方は、どんなことに関心をもってますか。職員室で話題になってることを教えてください」と言ったら、ほとんど学習に関することとやこれからの見通しでした。大体七割ぐらいという感じです。

そのほか、中学校の先生に多かったのは、「行事はどうなるんだ」ということでした。「これから体育祭はどうなるんだ」というようなことを言ってました。休校中だったからかもしれませんが、子どもの心身のことについてはほとんど出てきませんでした。

更に、先生方に「今、児童・生徒のメンタルヘルスのために、あなたが取り組んでいることは何ですか?」と聞くと、「ほとんどしていない」というのが三九%でした。やっていたとしても、電話をかけるとか、ポスティング(12)とか、そういったことです。オンライン対話など、オンライン環境を使ったというのは、この調査でも四%くらいでした。

そこで、「学校としてはどうですか。子どものメンタルヘルスに何か取り組んでいますか」と聞いたら、これも「なし」がほとんどだったんです。やはり、インタラクティブ(双方向)な関わり(13)というのがほとんどできていなかったということが明らかになりました。先生方も決して無頓着で何もしなくていいと思っていたわけじゃないのですが、なかなか実際にその一歩が踏み出せなかったというのが実態かなあと思います。

私がもう一つ気になったのは、職員のメンタルヘルスです。先生方ご自身

(12) 究極のマンパワー『人間力』により、さまざまな販促物(チラシ・試供品など)をダイレクトに、確実に各家庭に配布する、非常に効果的で温かな広告伝達手段のこと。

(13) 情報の送り手と受け手の関係が固定的ではなく、その場で互いにやり取りできる状態。

のメンタルヘルスのことです。「教職員のメンタルヘルスに取り組んでいますか」と聞いたら、ほとんどやっていないというのが現実でした。つまり、子どももストレスフルだけど、先生たちのストレスマネジメントについてもきちんと考えられていないというのが、今の学校の現状だと思われます。

コロナ禍で浮き彫りになったこと

赤坂▼　つい最近、中学校の先生からされた相談をご紹介します。中二が心配だと言うんです。

「授業中全くやる気がない。授業に入るどの先生も二年生はやりづらいと言っている。心配な学年で、昨年一年間は目標を持たせたり、褒めたり励ましたりしたんだけど、今年はこのコロナで勉強漬けの日々なので、何をやっても、相手に何を言っても入らない」

ただ、面白いことに「先生の言うことに反抗するかというと、そうはしなくて、渋々従っている」と言うのです。かつての中学生とは違うんですね。その先生は、「これが静かな崩壊というんでしょうか」と言っていました。

小学校の先生からもご相談を受けています。「夏休み前から、学級がうまくいってないと薄々感じている」と。現状としては、若い男性の先生にありがちなのですが、女子が無視するというのです。また、「男子の中で気になる子や感情の起伏の激しい子への対応が難しくなってきている。自分と子ども、子ども同士のつながりも薄い。授業が始まりにくい。授業中にうつむいている子が多く、頑張ってくれている子はしんどそうな顔をしてる。自分の指導力もないんですが」ということです。今回のご相談は若い先生でしたが、学級集団づくりに苦労してるのはベテランも同様です。

今、学級崩壊(14)の調査をして事例を集めています。小学校は小規模化していて、学校全体で七クラスか八クラス、つまり学年で一クラスくらいの規模の学校が多いんです。そうすると、ほとんどメンバーが変わらない中で、学年だけが上がっていく場合があります。前の年に強く圧力をかけるタイプの先生が担任して、その次の年にそうではない先生が担任すると、クラスが一気に荒れるという現象が見られています。それに加えて、今年度は四月五月の先生と子ども、子ども同士のつながりがつくられる時期に、基本的なつながりが未形成だったために、人間関係の問題や、そこに起因する問題が起こっているクラスもあるようです。

(14) 学級全体が、一定期間(一か月)以上、集団として授業規律を失い、正常な学習活動ができない状況にあること。

あるクラスの例を挙げます。そのクラスには、男子の中に牛耳ってる子がいました。その児童による暴言や暴力があったためか、周りの子どもたちは彼に反発することなく、言われたとおりにするばかりだったそうです。そして、その児童の行動の真似をしてふざけたりしているということなんですね。ただ、その中心の男子は、お家の方が厳しくて、家では怖くて逆らえない。ふざける男子たちは、一人一人になると素直に自分を出してくれるのですが、集まるとどうしても同調してふざけてしまうそうです。

ただ、最近は少し良いところも出てきていて、男女で一緒に遊べるようになってきたということです。つまり、いつもだと、大体六月ぐらいに荒れるクラスが、七月とか九月辺りに荒れが見られているということが報告されています。

話は変わりますが、今の荒れ方とかつての荒れ方は違うという調査結果があります(朝日新聞DIGITAL「学校現場に広がる「静かな荒れ」 増田・白梅学園大学教授、学級崩壊巡りアンケート」二〇二〇年六月一日(二〇二〇年六月八日閲覧) https://digital.asahi.com/articles/photo/AS20200601000141.html)。かつては、先生の注意や叱責に反抗する子や、テストや配付物を破ったり捨てたりする子がいたと答えた小学校教師が半数近くいました。すぐにカッとなって手を出す子が増えたとの答えも七割以上ありました。要するに、結構元気な荒れる行動が見られていたのです。しかし、近年はそういったものの割合が減り、「よい子を振る舞う子が増えた」「いじめが広がっている」「学校で禁止されてるものを持っている」などのような、静かな荒れ方をしているのです。

しかも、生活や学習の決まり事を細かく指導する、いわゆる「学校スタンダード[15]」と呼ばれるものが全国に広がったわけですが、ここにきて、その指導の仕方がちょっと失敗をして荒れているようなクラスも見られているという話でした。

つまり、コロナ禍といっても、例年どおりと言ってもいいところもあれば、今年特にちょっと違っている状況もないわけではないというのが実態ではないかと思います。

今回のコロナで明らかになったことを私なりにまとめると、「子どもが登校、通学をしないと、子どもとつながる有効な方法がほとんどなかったというのが、今回分かった学校の姿だった」ということです。

(15) 児童生徒の学習規律や持ち物、授業中のふるまい、目指す児童生徒像など、教員が児童生徒に対し指導すべき事柄や児童生徒自身が遵守したり目指したりする内容。

そして、「学校はストレス下におけるマネジメントに関心が薄く、そのケアをするための方法を積極的に取ることもできていない。しかも、そのストレスにさらされてるのは子どもだけではないにも関わらず、教職員のストレスに関しては非常に手薄である。そのケアは自助努力に頼るしかない」というのが現状です。

子どもたちはかつてのように暴力的な言動や物を壊すようなことはしていませんが、適応しているわけではありません。実は、そこには教師と子どもとの信頼関係が未形成な状況や、感染予防への配慮があります。「ソーシャルディスタンスを取りなさい」と言われているため、教師が取らなければならない手立てを打つことがためらわれているのです。

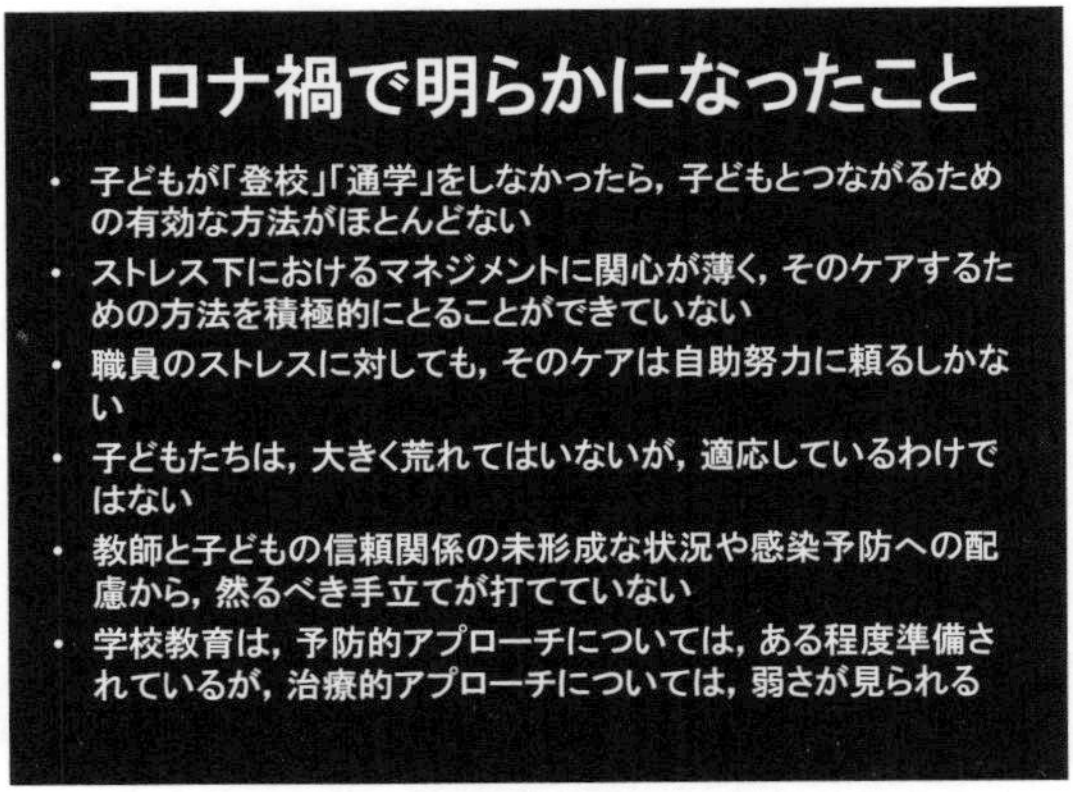
コロナ禍で明らかになったこと
子どもが「登校」「通学」をしなかったら，子どもとつながるための有効な方法がほとんどない
ストレス下におけるマネジメントに関心が薄く，そのケアするための方法を積極的にとることができていない
職員のストレスに対しても，そのケアは自助努力に頼るしかない
子どもたちは，大きく荒れてはいないが，適応しているわけではない
教師と子どもの信頼関係の未形成な状況や感染予防への配慮から，然るべき手立てが打てていない
学校教育は，予防的アプローチについては，ある程度準備されているが，治療的アプローチについては，弱さが見られる
図1-1-3

そのような中、いくつかの事例や研究から分かることは、学校はリスクに

対する予防的アプローチ(16)については結構準備されていて、強いんです。けれども、学級崩壊などの今、起こっているトラブル、つまりクライシスに対する治療的アプローチ(17)のノウハウの蓄積が足りないということが、今回のコロナ禍において浮き彫りにされてきたと言えるのではないでしょうか。

佐藤▼ ありがとうございました。私は、長野県の方で、コロナ禍においてオンラインがどうなったかという調査に関わったのですが、赤坂先生の調査されたデータとすごく似ているものがいくつかありました。では谷先生から、質問をお願いいたします。

谷▼ 質問というよりも、すごいなと思って聞いていました。やっぱり赤坂先生のように、調査をして、コロナ禍のデータを取ってくださる方がいらっしゃるので、僕たちはそれを参照しながら行動を決めることができる。調査をしてくださる方がいるからこそ、僕たちは授業技術を現場で使う側として、どういうことが必要なのかということ

谷 和樹氏

(16) 環境に脅威を与える物質または活動を、その物質や活動と環境への損害とを結びつける科学的証明が不確実であっても、環境に悪影響を及ぼさないようにすべきであるとするもの。

(17) カウンセリング、認知行動療法、行動療法、リラクセーション法など相談者様が抱えている問題に対して、問題解決していける方法。

が立脚点をもって分かるので、そこが非常にありがたいなと思って聞かせていただきました。

赤坂先生が最後におっしゃっていた「子どもとつながる術がない」というくだりは、本当に身に迫るものがありました。僕たちも、多くの人から実感としてそれを聞いていましたから。今回ＧＩＧＡスクールが始まるので、そこをどういうふうに脱却していくのかということが大きなテーマなんだろうと、赤坂先生のお話を伺いながら思いました。

佐藤▼ ありがとうございます。では、堀田先生、どうでしょうか。

堀田▼ 質問というより確認です。赤坂先生のお話で、昔に比べると子どもの荒れみたいなものが変化してるというのがありましたよね。昔の荒れ方は校内暴力とか、ちょっと乱暴な感じだったんだけど、それに比べると今の荒れ方はもっと冷ややかな感じだという。そのため、指導法も変わらざるを得ないということがありましたけれども、これはコロナだからそうなったわけではなくて、ここ近年見られる傾向だったと思うんです。それが、おそらくコロナでさらにちょっと歪んだ。何でこの二〇年ぐらいで荒れ方がこんなふうになったのかということを、学級経営とか子ども同士の関係とか、先生との関係とかを研究してる専門家の赤坂先生に、少し解説を足してもらいたいなと思って質問しました。

赤坂▼ 全く受け身が取れないですね、いまの質問は（笑）。谷先生が「授業づくりネットワーク」(18)で対談されていたものを、非常に共感的に読ませていただいたんですが、学級崩壊が認知されてからだいたい三〇年経っているんですよね。その中で、やっぱり学級崩壊の質も変わってきてるということなんですね。

谷▼ おっしゃるとおりです。

赤坂▼ では、何で変わったのかというと、なかなか明確な「これだ」ということが言えないんです。まず一つ挙げられるのは、子どもたちの取り囲まれてる状況とか、そういったものが根本的に変わってきてるんだということ

(18) 二〇一八年の四月に創刊三〇周年を迎えた教育研究団体。一九九〇年代から、ワークショップ型授業やディベート、特別支援教育など、様々なテーマに先進的に取り組んでいる。

です。何というか、学級崩壊が社会の変化によって起こってきたというのは、いくつかの社会学的な分析で明らかになっているんですけれども、子どもたちの本人的要因については、実はちゃんと研究が進んでいないんです。それは、いまだに発達の問題とか、家庭の問題とか、全部そういうところに分析が帰結されていて、私が見た限りでは、研究レベルで「子どもたちがなぜ変わったのか」ということは、はっきりと書いていないんです。ただ現象的に「子どもの荒れ方が変わった」といわざるを得ないというのが、今、私が言える範囲のことです。

堀田▼　なるほど。僕は仮に研究が十分進んでいないとしても、そういう現象をこうやってデータでしっかり押さえるということは極めて重要だと思っています。それを赤坂先生のような専門家がそういうふうにやってくれるということは、谷先生のおっしゃったことと同じように、僕もありがたいことだと思います。

でも、多分「なぜ変わったのか」というのは、おそらくたくさんの変数が絡んでいると思うんです。簡単

堀田龍也氏

に言えば社会の変容とか、家庭の変容とか、そういうこともあると。経済状況とか、きっといろいろなことがあると思うので、ひと言では言えないというのも理解できるんです。でも、あまり原因が明確にならないのに、そういうことに対処できるのかという思いもあります。教育技術につなげて言えば、対応に関しては、工夫してうまくいった例を取り上げれば何か集められるとしても、原理みたいなことが導き出しにくくなっているんじゃないかと、ちょっと感じるもので、いろいろ質問しました。

これは質問に答えてほしいというわけではなくて、これから僕ら皆で議論していかなければいけないことだなあと思ったということです。

赤坂▼ 今の話は、後半（第2部）に続く話になっていきますので、そこで自分なりの見解を述べたいと思います。先生方からもご助言をいただきたいなと思っています。

谷▼ 先日、学級崩壊の対談をまさに「授業づくりネットワーク」でさせていただいたところです。その中でも同様の話が出ていました。それぞれの先生方がそれぞれの思いをおっしゃっていました。堀田先生がおっしゃるように様々な要因があると思います。僕は「授業技術」等、授業そのものを中心に考えている人間です。授業の中で子どもの変容をどう考えるのかということが大事だと思います。ところが、先生方の授業技術が一対一対応的な、お手軽なマニュアルになりすぎているのではないかと思います。

先生が統率力という点で、子どもから尊敬されにくい状態になりつつあります。僕によく質問してくる先生方の中にも、「こういう子がいるんだけど、どうしたらいいんですか」というただ一つの答えを求める人も多いです。「そういう子がそうなっているのには背景があるんだから、その背景のところからしっかりとやろうよ」と言うと、「ちょっと難しい」というわけです。教師側の方法と技術の使い方にも、ずいぶん問題があるんだろうなと思いました。

第2章 コロナ禍でも通用する教育技術的アプローチ

コロナが始まって――先生はポジティブに

谷▼ 僕は研究的なことはしていませんが、現場の先生方との学習会・勉強会というのをずっと継続しています。先生方がコロナ禍中でどういう状態になって、どういう努力をしてきたかという事例をご紹介していこうと思います。その前提として、堀田先生から教わった内容があります。「コロナが始まってこういう状態だった」というのを、堀田先生がいろいろな所で発信してくださって、僕たちもびっくりしたわけです。

要するに、子どもとつながるのに紙を使った人は一〇〇%なのに、オンラインを使えた人は五%しかいなかったという、この状態です。これについて、堀田先生は「七月になってもまだダメだったよ」というふうに教えてくださいました。小学校では八%にしかなっていないし、全体でも一五%にしかなっていないけれども、相変わらず紙は一〇〇%だったというのです。

4月　新型コロナウイルス感染症対策のための学校の臨時休業に関連した公立学校における学習指導等の取組状況について

文部科学省

①臨時休業中の家庭学習（単位：設置者数）

	回答数	割合
教科書や紙の教材を活用した家庭学習	1,213	100%
テレビ放送を活用した家庭学習	288	24%
教育委員会が独自に作成した授業動画を活用した家庭学習	118	10%
上記以外のデジタル教科書やデジタル教材を活用した家庭学習	353	29%
同時双方向型のオンライン指導を通じた家庭学習	60	5%
その他	145	12%

（※）複数回答あり。
（※）割合は、臨時休業を実施する設置者のうち、各項目に該当する家庭学習を課す方針であると回答したものの割合。

https://www.mext.go.jp/content/20200421-mxt_kouhou01-000006590_1.pdf

図1-2-1

7月　新型コロナウイルス感染症の影響を踏まえた公立学校における学習指導等に関する状況について

文部科学省

（２）学校が課した家庭における学習の内容

〔設置者数〕

	小学校	中学校	義務教育学校	高等学校	中等教育学校	特別支援学校	設置者単位	（参考）前回値
教科書や紙の教材の活用	1,715	1,742	87	153	20	105	1,794	1,213
	100%	100%	100%	99%	100%	95%	100%	100%
テレビ放送の活用	608	586	41	48	10	39	688	288
	35%	34%	47%	31%	50%	35%	38%	24%
教育委員会等が作成した学習動画の活用	385	407	34	46	10	47	467	118
	22%	23%	39%	30%	50%	43%	26%	10%
上記以外のデジタル教材	591	627	46	79	15	47	721	353
	34%	36%	53%	51%	75%	43%	40%	29%
同時双方向型オンライン指導	138	173	15	72	14	44	270	60
	8%	10%	17%	47%	70%	40%	15%	5%
家庭でも安全にできる運動	1,076	1,047	58	84	15	78	1,180	–
	63%	60%	67%	55%	75%	71%	66%	–
その他	30	22	2	2	0	11	49	145
	2%	1%	2%	1%	0%	10%	3%	12%

https://www.mext.go.jp/content/20200717-mxt_kouhou01-000004520_1.pdf

図1-2-2

その一方で、堀田先生がFacebookその他で発信されているのを見ますと、休校中に、「教育格差[19]を感じる」という子どもたちがたくさんいたということでした。こういうことを僕たちの勉強会で先生方に振ってみると、やはり先生方の中にもそういった問題意識をもっている人はたくさんいました。

(19) 早稲田大学の松岡亮二准教授によると、教育格差は学習機会の有無や学力の高低のような結果の差ではなく、子ども本人に変えることができない初期条件である「生まれ」と結果に関連があることを意味しているとされている。

しかし、問題意識をもっているだけであって、具体的に、「では、どうしたらいいいか」ということについては、現場は相当困難な状況でした。「オンラインでできないの？　メール送れないの？　いろいろなやり方があるでしょう。チャンネル（ルート）もいっぱいあるし」と僕が言っても、「いや、それは難しいです」と答える。「学校としてこういうふうになっているんで」というのです。

これは、コロナが始まったときに一番はじめに僕たちが問題意識としてもっていたことで、「なんとかしなきゃいけないよな」と思っていたのに、成す術がなかった。こういった場面が、今回の状況のいわば近景として存在しているわけですね。

そして、遠景としては、ＯＥＣＤ（経済協力開発機構）のＰＩＳＡの調査があります。先ほどの佐藤先生の話にも出てきましたが、日本の子どもは、学習についてはＩＣＴをほとんど使っていない。一方、遊びでは使っている。コロナが始まったときに、それまで問題点だと思っていたことが、いっぺんに表面化してきたのかなと、そういう感覚をもっておりました。

そういった中で文部科学省から「新型コロナウイルス感染症を踏まえた、

初等中等教育におけるこれからの学びの在り方について〜遠隔・オンライン教育を含むICT活用を中心として〜」という文章が出されました。多分、堀田先生も関わられた資料ではないかと思います。私はこれを研究会の仲間とシェアし、「ここに書いてある内容が基本的な方針なんだから、学校がすぐに動けないとしても、やっぱり指導はしようよ。ここに書いてあることを先生方に共通理解していただきながら共有化し、こういう方向に努力をしませんかということは発言してみようよ」ということを話し合ってきました。

堀田先生には、新型コロナウイルス感染症が収束した段階＝ポストコロナにおいても、対面をしつつも遠隔・オンライン教育を使いこなす「ハイブリッド化」[20]という言葉を教えていただきました。「そういった方向に行かなければいけない」と。このハイブリッド化というのは、アメリカなどの発信を見ると、しょっちゅう使われていますね。教育の中でハイブリッド化していくということが大事なんだと、僕たちの研究会の中では共通理解しているところです。

さらに、文科省からは、ICT活用の推進という方向性が出され、「遠隔教育の分類」という資料や、「ポストコロナの段階における新たな学びの実

(20) 教師が協働的な学びを展開するため、教室での対面指導と家庭や地域社会と連携した遠隔・オンライン教育等を使いこなすこと。

現（イメージ）」という資料も出されました。こういったことに対して共有しながら、研究会の中では、それぞれの地域のサークルで、先に挙げたような資料を基にしながら話し合いをもっているのです。

その中で、先程の赤坂先生の話にもありましたが、子どもたちのメンタルケアということの方が喫緊の課題だと。まずは、そこが重要だということは認識が一致していました。

これは僕たちが一緒に研究をさせていただき、学ばせていただいている「公益社団法人子どもの発達科学研究所(21)」が公開している資料です。和久田

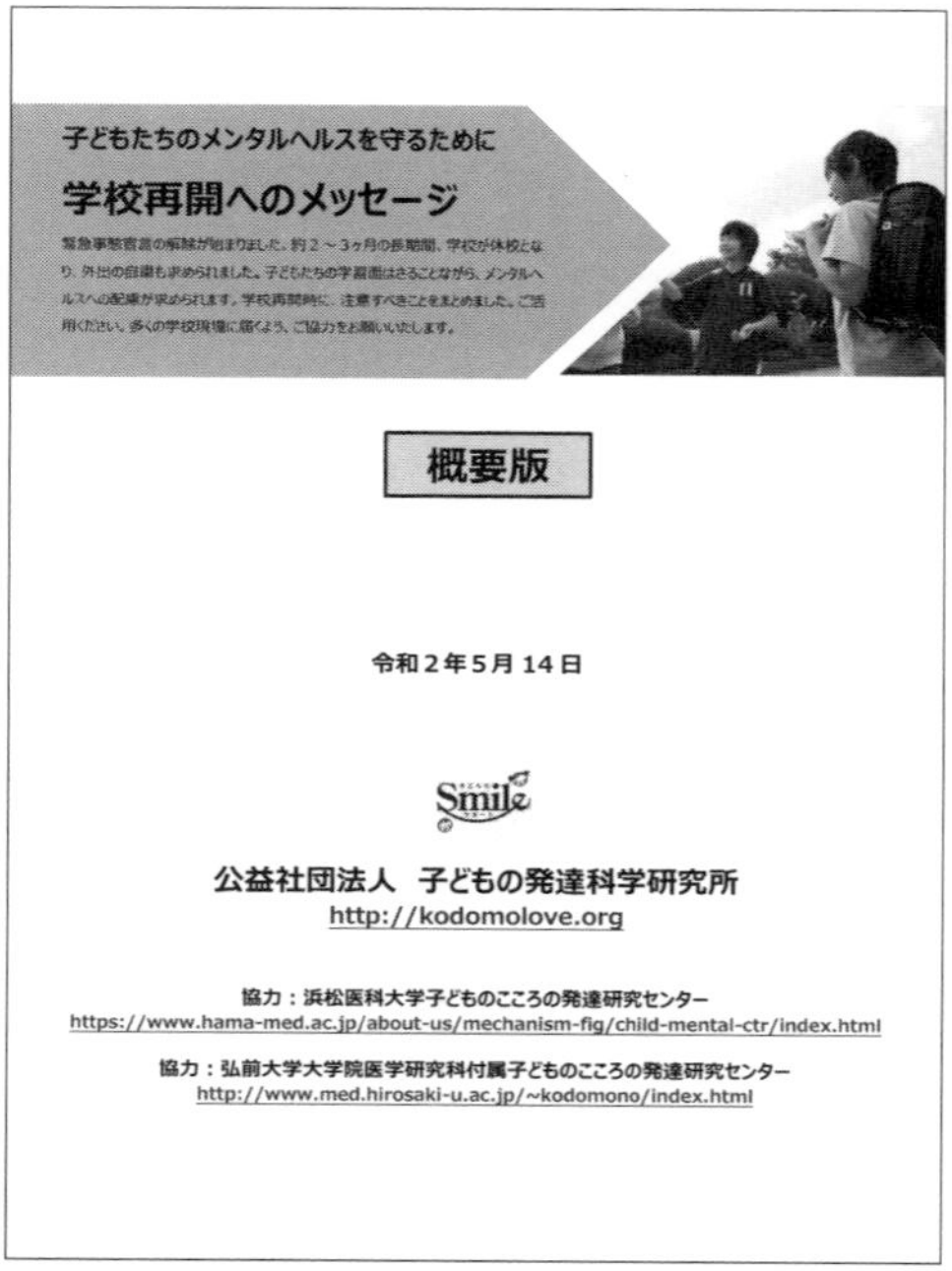
子どもたちのメンタルヘルスを守るために
学校再開へのメッセージ
緊急事態宣言の解除が始まりました。約２～３ヶ月の長期間、学校が休校となり、外出の自粛も求められました。子どもたちの学習面はさることながら、メンタルヘルスへの配慮が求められます。学校再開時に、注意すべきことをまとめました。ご活用ください。多くの学校現場に届くよう、ご協力をお願いいたします。

概要版

令和２年５月14日

Smile

公益社団法人　子どもの発達科学研究所
http://kodomolove.org

協力：浜松医科大学子どものこころの発達研究センター
https://www.hama-med.ac.jp/about-us/mechanism-fig/child-mental-ctr/index.html

協力：弘前大学大学院医学研究科付属子どものこころの発達研究センター
http://www.med.hirosaki-u.ac.jp/~kodomono/index.html

「学校再開へのメッセージ」（表紙）

(21) いじめや発達障害などの問題に対し、専門的なデータ取得と解析に基づいた現状分析を行った上で、最新の研究と科学的根拠のあるプログラムを提供し、インクルーシブ教育時代にふさわしい教育の実現を目指している。

学先生という方が主査をされていまして、その方が僕に「こういうのをホームページで公開したから、谷先生の研究グループでもこれを多くの先生に共有していただけませんか」と、直接緊急メールを送ってこられました。これを「校長先生や教頭先生、教務主任の先生その他に手渡してください」といって、ＰＤＦで共有をいたしました。「すべての子どもたちに対する配慮、子どもたちのストレスの軽減を第一の目的としてください」というようなことを共通理解していったわけです。

一方、「いろいろと難しいことは起きているんだけど、やっぱり先生が暗くなったり、先生がネガティブになったりしていると、学級全体がダメにな

概　要

1.　全ての子どもに対する配慮

（1）全体的な注意、配慮事項

新型コロナウイルス感染症による学校の休校、外出の自粛により、全ての子どもが影響を受けている可能性があります。子どもたちのメンタルヘルスに注意し、学習に戻るための準備の時間を確保するようにしてください。

- **子どもたちのストレスの軽減を第一の目的としてください。**
- **子どもにストレスのかかる活動の強制は避けてください。**
- **子どもたちの状況に合わせて柔軟に日課、活動を変更してください。**
- **学校でのつながりを実感させるための時間を確保してください。**
- **何が起こっているのか事実を伝え、子どもたち自身が自分の身を守る方法を示してください。**
- **今の頑張り、状況を認める言葉がけを多くしてください。**
- **何よりも先生たちが機嫌良く、安定した態度で子どもたちに臨んでください。**

（2）いじめの予防

新型コロナウイルス感染症感染拡大防止のための自粛により、多くの子どもたちがストレスをためています。いじめが起きるリスクが高まっています。

- **ストレス解消の方法を教え、ストレスを友達に向けたりしてはいけないことを明確に示してください。**
- **いじめのリスクを伝え、自分たちが取るべき行動を明確に伝えてください。**
- **感染者や医療関係者に対する差別は絶対に許されないことを伝えてください。**

2　個別の支援が必要な子どもへの対応

一見、元気そうに見えても、子どもたちの中には、新型コロナウイルス感染症による自粛生活の中で、様々な傷つき体験をしてしまった子ども、不安やストレスのために、メンタルヘルスの問題を持ってしまった子どもがいます。

- **一人一人の言動、表情を観察してください。**
- **個別に話を聞く、保護者から情報を得る、家庭訪問をするなどの支援をしてください。**
- **全ての子どもと個別に話せる機会を設定することも検討してみてください。**

（1）虐待リスクへの対応

新型コロナウイルス感染症により大人たちも傷ついています。虐待リスクの高い家庭は、この状況の中、さらに虐待リスクが高まります。皆さんの学校に通う子どもたちの中に、虐待の被害にあっている子どもがいないか、確認してください。

（2）メンタルヘルス悪化への対応

家族や親族が新型コロナウイルス感染症に罹患した子どもは、恐怖と不安でどうしようもない状況になっているかもしれません。子どもたちに個別に話を聞き、そのニーズに合わせて専門家の支援が受けられるようにしましょう。

（3）発達障がいの子どもたちへの対応

発達障がいの子どもたち、特に自閉スペクトラム症の子どもたちは、「いつもと違う状況」や「不安が高いこと」について、非常に敏感に反応する可能性が高いと言えます。一般的な配慮として以下の点にご注意ください。

- **対象の子どもの発達や特性に合わせて、現状を説明しましょう。**
- **自分の気持ちを語ることができる機会を作りましょう。**
- **「いつもと同じ」日課、課題を保つ配慮をしましょう。**
- **ストレス解消、感情コントロールの方法を教え、実践させましょう。**

＊このメッセージは、コピー、拡散していただくことが可能です。多くの学校現場に届くように、ご協力をお願いいたします。

公益社団法人　子どもの発達科学研究所

「学校再開へのメッセージ」（概要）

るよね」ということで、TOSSでは四月当初に「ポジティブに全力で精一杯やる」というスローガンを掲げ、まさにエイエイオーという感じで、ここまでやってきました。半年間で、TOSSの先生方は、ずいぶん元気に発信をしてくれるようになりました。私たちのプライベートソーシャルネットワーク（TOSS−SNS）(22)の中でも、非常にたくさんの活発な交流が行われていて、そういった先生方の存在をありがたいと思っています。

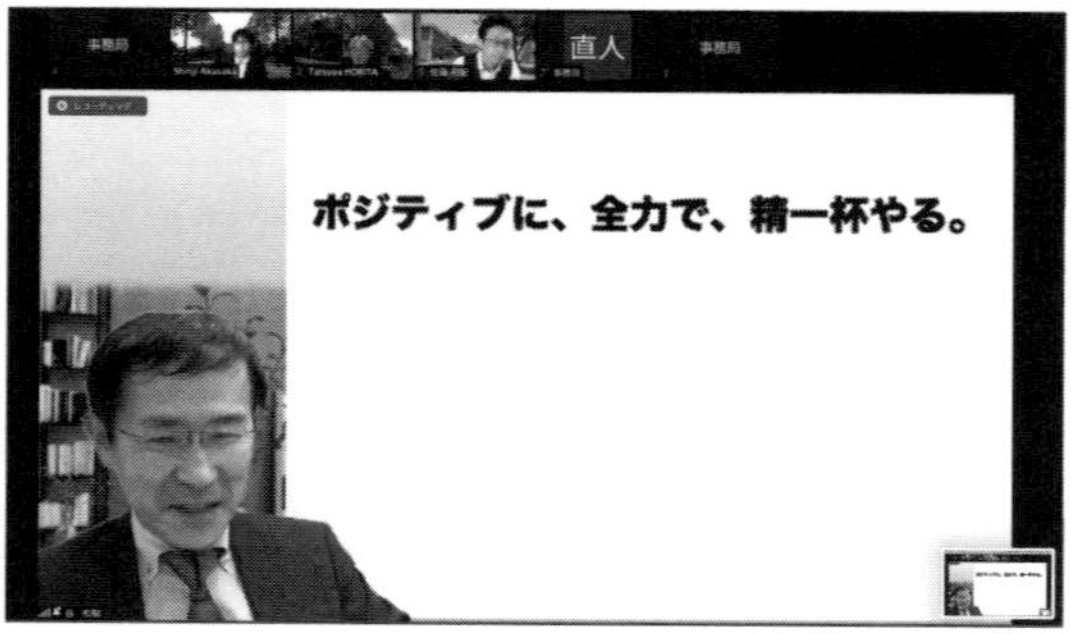
直人
ポジティブに、全力で、精一杯やる。

オンラインの重視

谷▼　私はTOSSという教育研究団体の代表をしているのですが、これからの方向性として、四月に「基本方針と優先順位の枠組み」という案を出しました。これはコロナが始まる前から書いていたもので、発表しようと思っ

(22) 日本最大級の教師のコミュニティ。のべ、二八〇〇名の教師が、授業実践を行う中で気がついた、子どもの小さな成長や教育指導についての疑問・回答を日々やり取りしている。やがては子どもたちの力が確実につくような、よりよき授業実践を究明することを目的としている。

ていた矢先にコロナが始まったわけです。偶然ですが、この方針は正解だったと思っています。

私たちがこれまで大事にしてきた「子どもにとって価値ある教師に」というところは何があっても崩さない。しかし、クロスボーダー(23)という「考え方の違ういろいろな人たちと一緒に勉強をしていかなければダメだ」という方針を取り入れています。もう、そういう時代になっているのです。コロナに関係なく重要ですが、コロナ禍の今、よりいっそう重要になっているこのクロスボーダーを、もっと進めようという指針です。その次に書いたのは「オンラインの重視」です。オンラインをどう使うのかということです。

このオンラインの重視という点で、まずポイントなのは、子どもたちにオンラインで授業をしていく上での教育技術です。「教育技術をどのように先生方に共有化していくのか」というところが、やっぱり僕たちのメインの仕事です。僕たちの研究会は前身を「教育技術の法則化運動」といい、教育技術というところにフォーカスしています。僕もそのメンバーの一人としてオンライン授業を提案していきたいと考えました。五月の頭ぐらいに、オンラインでの同時双方向的な授業技術をいくつかミックスした形の提案をさせて

(23) 第33回教育技術学会京都大学大会において堀田龍也氏が講演で話された考え方を、取り入れている。価値観や考え方が違う人たちとも、境目を越えて、手をつなぎ、時には一緒に何かやってみる。

いただきました。

「全国連合子ども観光大使全国大会」(24)というところで行った模擬授業をご紹介します。これは四歳ぐらいの子どもから高校生まで混ざった年齢層に対してオンラインで授業をしながら、熱中させることができるのかという試みです。堀田先生が以前話されていたことですが、「教育には内容を教えるという面がとても重要だけれども、それをどのような方法で教えるのかということが同時に重要だ」と。「内容と方法があって、子どもが熱中していく」のだと。子どもたちが前のめりになって熱中していくということを実現する三つの軸——内容軸・方法軸・熱中軸——これを同時にオンラインの双方向授業(25)で実現することを、低学年、低年齢でも可能なのかについて提案しました。

　結果的には、子どもたちは食いついてくれました。ここに提案した技術のいくつかにつ

(24) TOSSが推進している子ども観光大使の全国大会。子ども観光大使は、地域の良さを学び、体験し、発信することでより良い地域づくりをしていこうとする子どものこと。第6回大会は新型コロナウイルス感染症予防のため、初めてのオンライン開催となった。

(25) Zoomなどのオンラインのビデオ会議システムを用いて、教師と生徒の両方がリアルタイムでやり取りをしながら授業を行う形式。

いては、妥当性は若干あったのではないかと考えています。より分解して分析をし、皆さんと共有化していけるようなものをつくりたいと思っています。

また、大きい子向けに、このような提案もしました。例えば、グラフを読み取らせる授業を行おうとしても、資料の紙を配れない。もちろんＰＤＦで送ればいいのですが、それができないというわけです。紙を郵送で届けるには、時間もお金も手間もかかります。では、手元に画面しかない状態で、どうやって資料を分析させるのかということです。画面をしっかりと見せて、「ここを見てごらん」とか、「この部分が大事だよね」と注目させたいときに、何らかの技術的なことがないと子どもは見ないでしょう。それも、たとえ高学年とはいえ小学生なわけですから、単にグラフを見せただけでは、そう簡単に動いてくれない。そのようなときに、どのような「引きつける技術」がいるのかということです。

これをやろうと思った直接的なきっかけは、堀田先生から「顔が見えた方が良いらしいという研究のエビデンスがあるんだよ」とお聞きしたことです。そんなエビデンスがあるのかと思って、調べてみたところ、ネット上にいくつかの意見がありました。

「オンラインになった途端に、画面は資料だけで音声だけが聞こえてくる、というふうになったらちゃんと相手に届かない。しゃべっている人の身ぶり手ぶり、表情も入れてプレゼンだから。(https://www.kaigishitu.com/meeting-hacks/detail/id=39623)」

「実際に授業で対面する教師の顔が動画に映し出された方が、生徒にとっては授業のリアリティを高め、課題として取り組む意欲へとつながることも予想される。また、ポインタではなく、実際に教師の指で説明が進行していく画の方が、生徒にとって親しみやすく、より理解へと導きやすくなる可能性も考えられる。(http://flipped-class.net/wp/?p=26)」

「『反転授業の研究』という勉強会では、教師の顔があったほうが、教師に親しみが沸くという意見があった。人間は「顔」を、無意識的に重要なものと見なす傾向がある。顔は注意を引き付ける効果を持つのだ。(http://flipped-class.net/wp/?p=26)」

逆に、常に話者の顔がなくてもいいといった意見もありました。

「教員の顔は常になくてもよい。これも教育メディア研究から、人は1度に大量の視覚情報を処理できないことがわかっています(能力の限界原理)。

つまり、視覚情報として「学習内容」と「教員の顔」の2つを提示すると、情報過多となり学習者の気を散らす可能性があります。動画の最初に教員が登場するぐらいは親近感を持たせる効果も期待できますが、学習内容の説明に入ったら教員の顔はなくてもよいでしょう。(https://uls01.ulc.tokushima-u.ac.jp/info/Flipped/pre/index.html)」

面白いですね。英語の論文を検索してみると、オンライン授業における教師のPresence(存在感)とImmediacy(即時性)に関しては、二〇一〇年代にほとんど研究が終わってるような雰囲気で検索結果が出てくるんですね。授業におけるPresenceとImmediacyの研究自体は一九九〇年代に終わっているような感じでしたが、オンラインにおけるそれも、二〇一〇年代には多くの方が発信していて、研究はほぼ終わっている感じです。しかし、日本では一つもそういう意識がなかったと思います。

それで、「オンライン学習環境における指導方略~教師の『Presence』と『Immediacy』から」という、英語の論文を翻訳したものをご紹介しながら、学校の先生方と勉強を続けてきました。

氏名	谷　和樹（玉川大学教職大学院）
研究テーマ	**オンライン学習環境における指導方略～教師の「Presence」と「Immediacy」から** Strategies for Virtual Learning Environments:　Focusing on Teaching Presence and Teaching Immediacy **～レビュー論文を読む～**

テーマ設定の理由

1 新型コロナの影響でオンライン授業の重要性が認識されてきた。しかし、公立小中で新型コロナの休校時にオンライン授業を実施できたのはわずか５％、７月の最新の調査でも１５％に留まっている。
2 環境整備の遅れや家庭環境の差異など様々な原因はあるが、現場の教員の意識の低さも指摘されている。
3 オンラインの授業を経験したことのある教師はほとんどいない。ましてやオンライン授業での教師の「Presence」（授業の中で、子ども達がその学習に意味を感じられるような教師からの働きかけ～指示や支援等を含む授業デザイン）や、「Immediacy」（教師と子ども達との心理的距離を縮めるような言語的・非言語的コミュニケーション行動）については、研究はおろか明確な意識さえほとんどされていないのが現状であろう。
4 Google Scholar 等で「virtual learning teaching immediacy presence」のキーワードで検索したところ、非常に多くの論文が出てくる。(Google Scolar では 16,800 件、Eric では 5,950。)
5 Immediacy の問題は「教師のベーシックスキル」と関連して、これまでも私が興味を持ってきたテーマである。それがオンライン授業の中でも重要であることが、新型コロナのずっと以前から諸外国では研究されていた。日本でのオンライン授業や研究の遅れは非常に大きい。
6 今回は、全体像をまずつかむために、Google Scholar でトップに出てきたレビュー論文「**Strategies for Virtual Learning Environments:　Focusing on Teaching Presence and Teaching Immediacy**」を読むことにした。

内容の要約

1　論文の目的

1) What role does teaching presence play on online learners' perceptions regarding virtual learning environments?
（バーチャル環境でのオンライン学習で子ども達の認識に教師の Presence はどんな役割を果たしているのか。）
2) What role does instructors' immediacy play on online learners' experience?
（オンライン学習で子ども達の経験に対して教師の Immediacy はどんな役割を果たしているのか。）

2　方法

「Teaching presence」「Virtual educational environment」「Learners' engagement」の３領域について、紙の文献とオンラインの検索を実施し、3563 件の記事が見つかった。その中から、①実証的研究で、②最新 10 年以内の研究で先行研究にも目配りされていて、③「Presence」と「Immediacy」の効果を特定していて、④Peer Review があるもの等に絞った。

3　Presence について分かったこと（主な抜粋）

1) オンライン授業でも、教師の姿が見えていたほうが良い。(Cull, 2010)
2) 教師は対面式とは異なる方法でオンライン教室を管理し、「即時的なフィードバック」を与えることが必要である。(Silverstone & Keeler, 2013, p. 19)
3) 講義ノート、教師によるコメント、ビデオレクチャー、個人的な関わり等々の、教師と生徒とのパーソナルな関係構築がオンライン授業の方法として示されている。(Anderson 2008)

4　Immediacy について分かったこと（主な抜粋）

1) オンラインでポジティブに学習できる環境設計のためのガイドラインが提唱されている。(裏面,表 1 参照) (e.g. Cheng, Paré, Collimore & Joordens, 2011; Hew and Cheung Levin 2011; Ioannou, Demetriou & Mama 2014)
2) オンラインにおいても教師のコミュニケーションは学習効果に優位な影響を与える。(McCroskey 2006)
3) オンラインにおちても教師には様々な役割が求められる。レビューで発見された論文からその役割と責任を表にまとめて整理している。(裏面,表 2 参照)

5　研究の限界

このレビューの結果を確認するためにはさらに定量的・定性的な研究が必要である。また、この研究では年齢・性別・民族的背景・社会経済的地位等の、人口統計学的に重要な変数については調査しなかった。今後の研究に期待される。

感想

1 オンラインでの学習は、欧米では劇的に増加しているという。「2011 年秋の期間中だけで 670 万人以上の学生が少なくとも 1 つのオンラインコースを受講しており、前年と比べて 570,000 人の学生が増加した。少なくとも 1 つのオンラインコースを受講する学生の数が 44,000 人以上増加し、合計で 700 万人に達した」(Allen&Seaman 2014) とこのレビュー中でも報告されている。これに対して、冒頭で述べた日本の状況は非常に悲観的である。Giga スクール構想によって「外枠」が形式的に整ったとしても、実際にオンライン授業を展開する教師が技術と技能を向上させる必要がある。校内研においても、オンラインでの授業研究を今後は必須とする必要がある。政府・文科省が示している「ハイブリッド型」の教育課程を構築するために、さらに研究と実践とを積み重ねていく必要があることを痛感した。
2 そうした中で、オンライン環境をどう設計するのか、教師の役割で重要なことは何か、といったことが具体的に特定され、そのエビデンスが構築されている。このレビューでも、最近の研究傾向は、「オンライン教育が従来の対面式クラスに匹敵するか」といった単純なことは既に終わっており、その質をどう高めるかに焦点が移ってきていているという。(Vroeginday, 2005)。日本でも、教育工学学会等を中心にこうした研究が蓄積されているが、その数と質、そして何よりも現場での実践をさらに増やしていくことが重要である。

ハイブリッドの可能性

谷▼　オンラインクラスにおいても学習支援のガイドラインというのはきちんと提案されているし、学習方略としてこういうことが大事だということもいわれている。それからオンライン学習環境においても、指導者は同時にたくさんの役割をしなければいけない。教室で学級経営をしながら担任として授業をするときと同じように、メンター（指導者・助言者）でもありファシリテーターでもあり、デザイナーでもあり、というようなことがオンラインにおいても当然求められているわけです。

僕の呼びかけに相呼応して、研究会の仲間たちが手を挙げ、いろいろと率先してやってくれました。熊本県の椿原正和先生という方は、退職後も、「にこにこ先生のオンライン教室」というのを精力的に行っています。子どもに授業しながら、オンラインにおける授業技術を一つ一つ僕たちに共有化してくれているんですね。図1-2-3は、手を挙げさせる技術を実演して、子どもにやらせているところです。「はい、手を挙げて」って言うと、子どもは教室で行うようにまっすぐ手を

図1-2-3

挙げちゃうわけですけれども、「顔の横に手を挙げて」と言ってあげただけで、小さい子も分かる。これは初期の段階では、オンラインに慣れていない子どもたちにとって大変有効な技術でした。椿原先生の技術共有は、そういった些細なところから始まっていきました。

そういったことを、ベテランの先生方が発信してくださる中で、学生たちも独自に努力してくれました。例えば、九州の学生が「谷先生、オンラインの教育技術を一〇〇〇個集めたから見てください」って言ってきました。「えー、よく頑張ったね」と言って褒めたんですが、学生たちの中にもこういったような動きが生じているところです。

佐藤▼　谷先生、ありがとうございました。赤坂先生から、質問、感想等をお願いします。

赤坂▼　ＴＯＳＳが既にたくさんの取組や技術の研究を行っていて、びっくりしました。黒板の指し示し方とか、そういったものにはいろいろな教育技術があって、それが実は非常に子どもの指導をするときに効果的なんだということは、アメリカの研究などでも分かっているんですけど、意外と日本の先生たちは話題にしていません。新学習指導要領では「意欲」にきちんと向き合ったということが、[26]学習指導要領の改訂において非常に大きなポイントなんですけれども、TOSSはもう教育技術的にアプローチしてるというところが見事だなあというふうに聞いておりました。

質問ですが、先ほどおっしゃった「熱中軸」というのは、戦略の一つとしてこういうことがあるということですか。

谷▼　はい。熱中軸の戦略というよりも、内容も方法も熱中軸に関わるということです。

赤坂▼　ああ、内容もですか。

谷▼　技術は方法の軸ですよね。で、内容は内容として面白くなければならず、方法も方法として熱中する組み立てでなければならず、この二つを上手に組み合わせたときに熱中軸も良い方へ移動すると。

(26)「資質・能力の三つの柱」の一つである「学びに向かう力・人間性等」にも関わるが、生涯を通じて主体的に学び続けることができる学習意欲を持たせることが「確かな学力」をはぐくむ上で重要である。これは対面授業だけではなく、オンライン授業でも同様である。

赤坂▼ 独立した熱中軸はあるんですか。

谷 ▼ 独立した熱中軸というのもあると思います。メインではないかもしれません。やはり、内容の面白さという内容軸と、組み立て方、授業技術という「方法」が熱中を生むというのが基本方針です。これとは別に、「技術」ではない「技能」[27]という点で、先生の表情とか、そういったやや周辺的なこともあります。それも広い意味では方法だといえるでしょう。

赤坂▼ ありがとうございました。

佐藤▼ では、堀田先生、お願いします。

堀田▼ 今、赤坂先生が質問したことのつながりでお話しします。学級経営とちょっとつなげて話すと、子どもの煽り方というか、乗せ方というか。これも技術といえば技術なので、方法軸だともいえます。「どういうふうに提示すれば子どもは食いついてくるか」みたいな話は、資料の内容や性質だけ

(27) 例えば「笑顔」や「声」、教師の子どもへの「目線」など教師のベーシックスキル。前著『「これからの教室」のつくりかた』(学芸みらい社)に詳しい。

ではなく見せ方の問題で、これも技術といえば技術です。人と人がうまく付き合うときに必要な、授業以外のところでも必要な、そういうスキルと関係があるように僕には思えますので、「そういうことですか?」というのが谷先生への質問です。

谷▼　確かにそうです。

堀田▼　もう一つ、本当に知りたいのは、授業というのは、どうなっていたら「授業」と呼ぶのかということです。例えば「一斉授業」というと、大体、形態が決まっていて、その中で個別の学習活動があり、何かのグループの学習活動があり、というように、いろいろな学習活動の組み合わせでできていると思うんです。でも、オンラインの場合とか、ハイブリッドだと「ある子どもたちは目の前にいるけど、ある子どもたちは遠方にいる」みたいなことがありうるわけで、そうなったときの「授業」という言葉の定義や概念や、何かそういうところを、僕らはきちんとしなきゃいけないんだなあと、今、お話を聞きながら考えていました。これは答えて欲しいわけじゃないんですけど、僕としてもそのことが大事だなと思ったということです。

谷▼　堀田先生のおっしゃった「だから授業って何？」という質問は、大事なことだと思います。堀田先生が中教審などでお示しになっている資料には、マトリックス[28]が出てくるんですけれども、今、僕がご紹介したものはその第二象限のところのみとなります。

　しかし、「授業」という大きな枠組みの中では、おそらく他にも授業としての在り方があって、これも僕たちは研究を始めたところです。多分、実際の世の中には堀田先生の図による第三象限の授業形態の方が多いのではないでしょうか。オンラインにおいては、そちらの方が多いのではないかと思っています。第二象限の方については、多分、ほとんどない。ないというか、「こういう授業をするぐらいなら対面のほうがいい」という先生が多いです。「対面ができるんだから、今のところいいよね」ということになりがちなので、あまり研究は進んでないのかもしれません。でも、大事なんだろうなと思います。

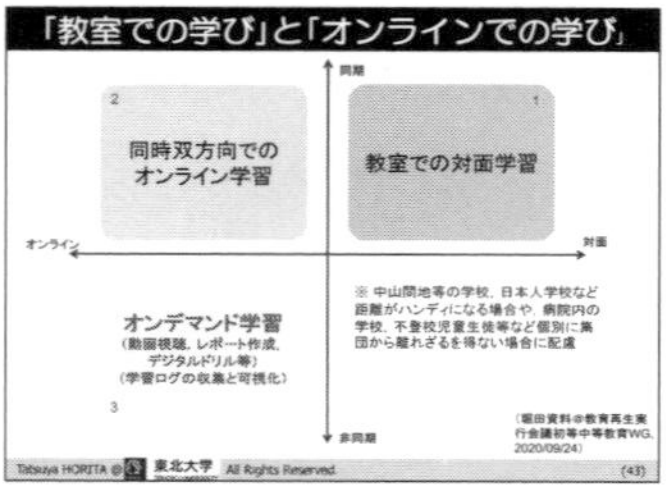

(28) 詳しくは一五四ページ〜の堀田氏の説明を参照のこと。

第3章 コロナ以前から問題視されている日本の教育体制の弱点

PISA2018ショックとは

堀田▼ まず、前回の本『「これからの教室」のつくりかた』が売れたというのは、僕はとてもありがたいことだなと思います。あとがきに書いたように、支払いが終わってない人がこの売上で支払いをしてくれるんじゃないかっていう(笑)。それは冗談として、それよりも何よりも、今回のキーワードとなっているクロスボーダーの本だからです。

あとがきに書きましたけど、谷先生は大きな研究団体をずっと引っ張っていらっしゃるし、赤坂先生は何十冊もの学級経営の著書を出されて取り組んでいらっしゃるわけです。司会進行してくれている佐藤先生は、僕の研究室で博士号を取りましたけれど、現場の実践者として、もう五年以上前から一人一台のクラウド前提とした授業を普通にやっていたわけですよね。これは本人が「やりたい」と言ったらやれるというわけではありません。そういう実践家に機材を用意してくれる人がいたり、そういうことをやってみろと管理職が言ってくれるような信頼が校内で得られていたり、それを研究的に応援してくれる人（そのうちの一人が僕だったと思うんだけど）がいたりするということです。何ていうか、教師が一人ではなく、いろいろな人に支えられながら授業をしてきたということだと思うんです。

一人一人の先生たちにはいろいろな考え方があったり、いろいろな事情があったりするんです。そこには境目（ボーダー）があって、なかなか理解し合えないということも、あるいは考え方が違うということも十分にあります。けれども、そういう人たちがチームになって何かやらなきゃいけない、そういう時代がこれからの時代だと思うんですよね。そういう時代に向かっていくにあたって、いろいろな分野で活躍してる人たちと一緒にこの本を作ろうというのが前回の企てで、その企てを多くの人が受け入れてくれたから、ある程度売れたんだというふうに考えています。

まず、ここにいる先生方は当然ご存知のことですが、この本を読む読者の方のために「PISA2018」の衝撃というのがどういうことだったのか、説明させていただきます。

PISAというのは、OECDがやっている国際学習到達度調査という名称の国際学力比較のようなものです。あくまで調査なので、国によるいろいろな得意不得意の分野とか、そういうようなことを明らかにしようというものです。三年に一回行われていて、最近では、二〇一八年に行われています。その前は二〇一五年に行われ、その前は二〇一二年に行われたというようになってます。世界中で行っている調査なので、翌年になってからデータが公表されるということにな

読解力は15位（PISA2018）

● 全参加国・地域（79か国・地域）における比較　[破線枠]は日本の平均得点と統計的な有意差がない国

	読解力	平均得点	数学的リテラシー	平均得点	科学的リテラシー	平均得点
1	北京・上海・江蘇・浙江	555	北京・上海・江蘇・浙江	591	北京・上海・江蘇・浙江	590
2	シンガポール	549	シンガポール	569	シンガポール	551
3	マカオ	525	マカオ	558	マカオ	544
4	香港	524	香港	551	エストニア	530
5	エストニア	523	台湾	531	日本	529
6	カナダ	520	日本	527	フィンランド	522
7	フィンランド	520	韓国	526	韓国	519
8	アイルランド	518	エストニア	523	カナダ	518
9	韓国	514	オランダ	519	香港	517
10	ポーランド	512	ポーランド	516	台湾	516
11	スウェーデン	506	スイス	515	ポーランド	511
12	ニュージーランド	506	カナダ	512	ニュージーランド	508
13	アメリカ	505	デンマーク	509	スロベニア	507
14	イギリス	504	スロベニア	509	イギリス	505
15	日本	504	ベルギー	508	オランダ	503
16	オーストラリア	503	フィンランド	507	ドイツ	503
17	台湾	503	スウェーデン	502	オーストラリア	503
18	デンマーク	501	イギリス	502	アメリカ	502
19	ノルウェー	499	ノルウェー	501	スウェーデン	499
20	ドイツ	498	ドイツ	500	ベルギー	499
	信頼区間※（日本）：499-509		信頼区間（日本）：522-532		信頼区間（日本）：524-534	

Tatsuya HORITA @ 東北大学 TOHOKU UNIVERSITY 　（国立教育政策研究所, 2019）　(5)

図1-3-1

ります。日本では二〇一九年の一二月三日に公表されました。

その結果が結構衝撃的だったという、そういう話なわけです。その衝撃の一つは、読解力の低下です。ＰＩＳＡでは、大体、読解力と数学的リテラシーと科学的リテラシーの三つを調査するのですが、この読解力に当たるものが、日本は少し低いということです。厳密な言い方をすれば、二〇一五年に比べて、統計的に有意に下がっていると言われています。二〇一五年も、実は「トップクラスから落ちた」と言われたんです。だから、二回連続で下がっているということです。

ここでいう読解力というのは、日本語では「読解力」と訳されていますが、英語では「リーディングリテラシー」です。日本で読解力というと、例えば『ごんぎつね』を読んで、その気持ちの移り変わりが分かるとか、そういうことを、皆、想像しちゃうんです。ですが、ＯＥＣＤがやってる調査というのは、経済――つまり仕事をして収入を得るという、「大人になったらどこの国においても必要な能力」が十分に育っているのかどうかを、全世界の一五歳に対して調査するんですね。つまり、そのときの「読解力」というのは、例えば説明書が読めるとか、メールがきちんと読めてやりとりができるとか、ポスターなどから大事なところをちゃんと読み取れるとか、そういう読解も含んでいます。日本でいう文学作品の読解みたいなのとはちょっと違う、もう少し広範な能力だというふうにいわれていますが、それが下がってるということです。

問題の例を、国立教育政策研究所(29)が公表しています。右側にブログがあります。大学の先生が書いたブログで、スクロールして下が見られるようになっています。で、今、一部だけ見えているんですが、このブログを読んで、ここに書いてあることで正しいものを左側の四択から一つ選ぶという問題です。これが、あまりできなかったというわけです。

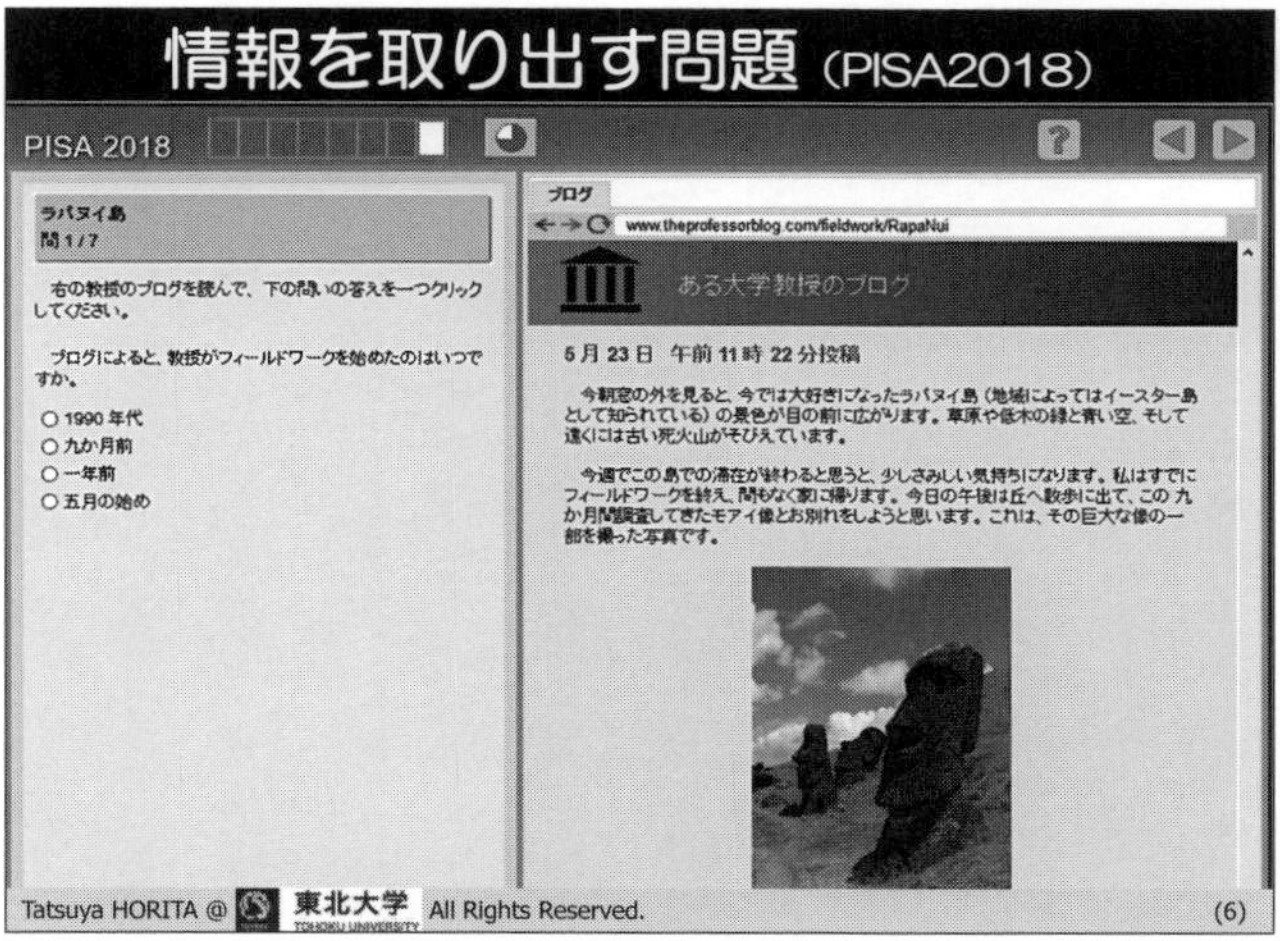

図I-3-2

(29) 教育政策に関する総合的な国立の研究機関。教育行政上の政策課題について、教育政策の企画・立案のための基礎的な調査研究や各種事業・共同研究を幅広く行う。また、国際社会において日本を代表する研究機関であるとともに、国内の教育に関係する機関や団体等に対して、情報を提供したり必要な助言・支援を行っている。

　この問題を見て分かるように、コンピュータでテストを実施しているわけです。コンピュータでテストをすることをComputer Based Testing（CBT）といいます。「ＰＩＳＡ２０１８」はＣＢＴで行われてるということです。二〇一五年から世界標準のＰＩＳＡというテストはＣＢＴで行われるということになりました。ですから、今に始まった話ではありません。ＣＢＴになった二〇一五年から二回連続で、この読解力の部分が日本の子は落ちている。ということは、コンピュータでテストを受ける経験知というのが世界の子に比べて低いんじゃないかと推定されるということです。

　この先にこういう問題があり

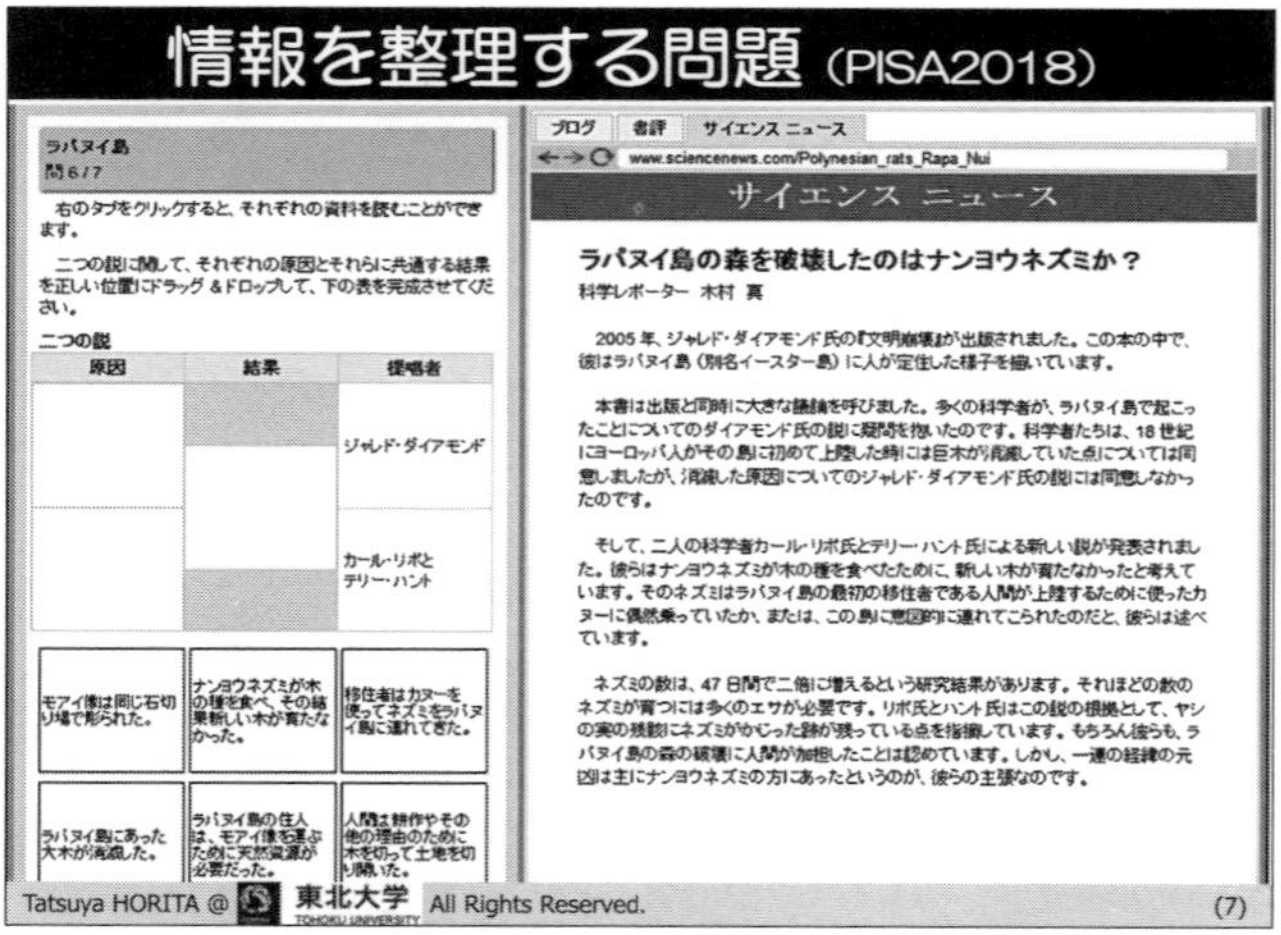

図1-3-3

ます(図1-3-3)。右側の方に「サイエンスニュース」の文章がありますが、この「サイエンスニュース」の上にタブがありますね。「サイエンスニュース」の左側に書評のタブがあり、その左側にブログのタブがあります。それぞれのタブをクリックして三つの種類の「ラパヌイ島の森の破壊」の話を読み比べ、いろいろなところに書かれている様々な情報を整理して、左の表にまとめなさいということです。これができないわけです。

つまり、この問題は何を試してるかというと、種類の違ういくつかの文章を読んで、読解した内容を統合して、条件に合わせて解答するということなんです。それができない。

私たちは普段、ネットで検索して、いろいろな検索結果が出てきて、それを一つ見て、二つ見て、三つ見て、「いろいろなことが書いてあるけど、要するにこういうことかな」と考えています。それを模したこの試験ができていないということは、たくさんの情報の中から何か一つ見つけてそれを鵜呑みにしてしまう可能性すらあるのではないかという、そういう危惧が生じているのです。

ＰＩＳＡにおける読解力というのは、図1-3-4の左側の点線の中に書いてあるように、デジタルテキストとか、そういうものも含んでいます。測定する能力は三層に分けられています。①情報をきちんと文章の中から見付ける、②見付けたものをきちんと理解する、③理解したものを基に「それって正しいのかなあ」と評価したり熟考したりする。この三つの層に分けたときに、実は、日本の子は、二番はできているわけです。つまり、ちゃんと見付けられれば、理解はできるということですね。逆に言えば、日本の授業は〝そこ〟をやっているということかもしれません。

一方で、「たくさんの情報の中から必要な情報を見付け出す」というところができていないし、さらに、理解した後にそ

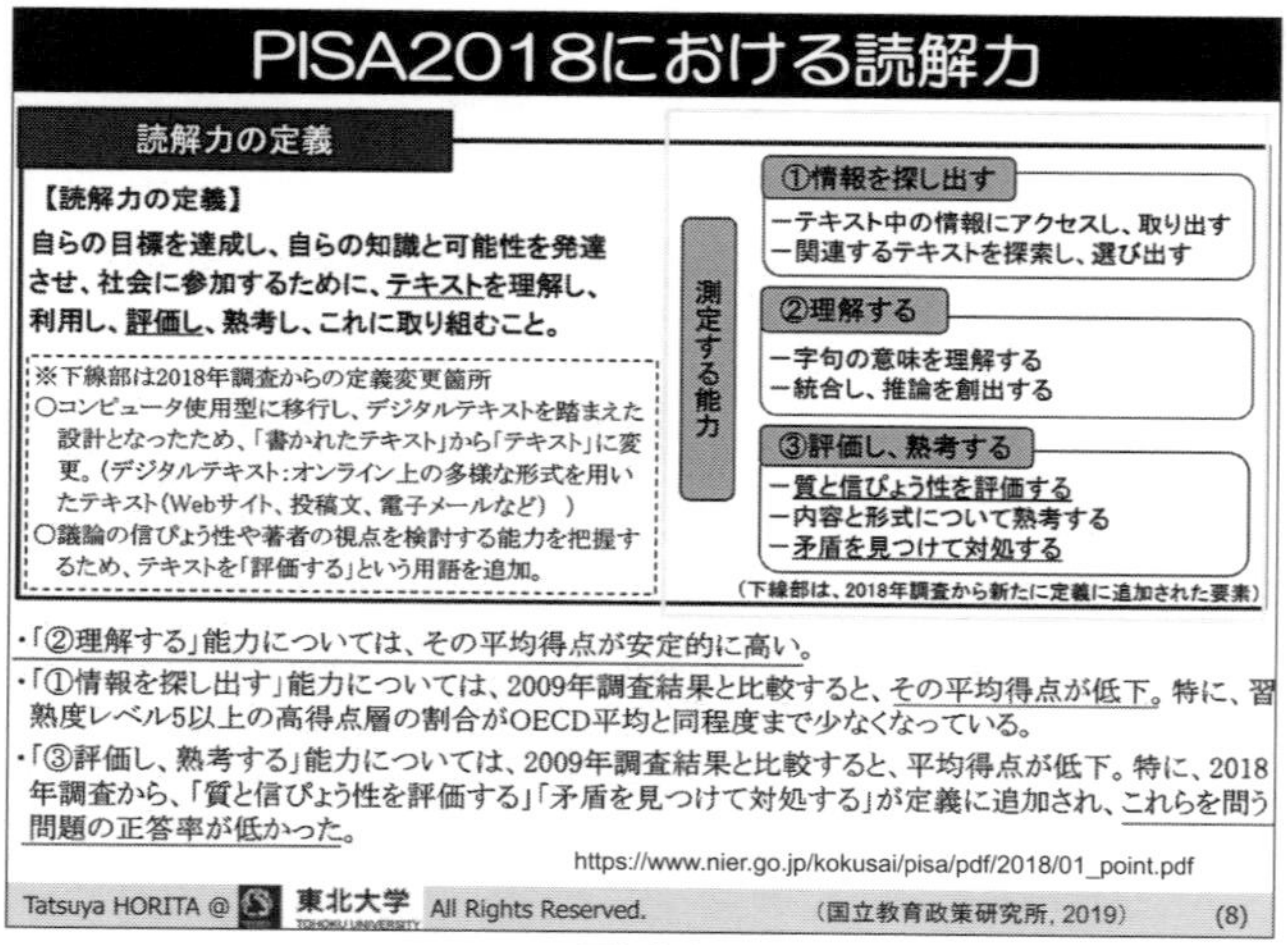

図1-3-4

れをクリティカルに見直す[30]ということが十分にできていない。三番のところは、どちらかというとメディア・リテラシー[31]とか、そういうところと関係する話。一番のところが、そもそも読解の前の「情報を正しく取り出せているか」という話になるわけです。

このように読解力が下がった原因の一つが、ICTを授業や勉強で使っている経験知が少ないからではないかという仮説があって、そのことを説明する資料が図1-3-5です。「PISA2018」では、読解力と科学的リテラシー、数学的リテラシーの三つのほかに「ICTの活用状況調査」というのも同時にやっています。この活用状況調査でいうと、学校の教室での授業でデジタル機器をどのぐらい使ってるかの

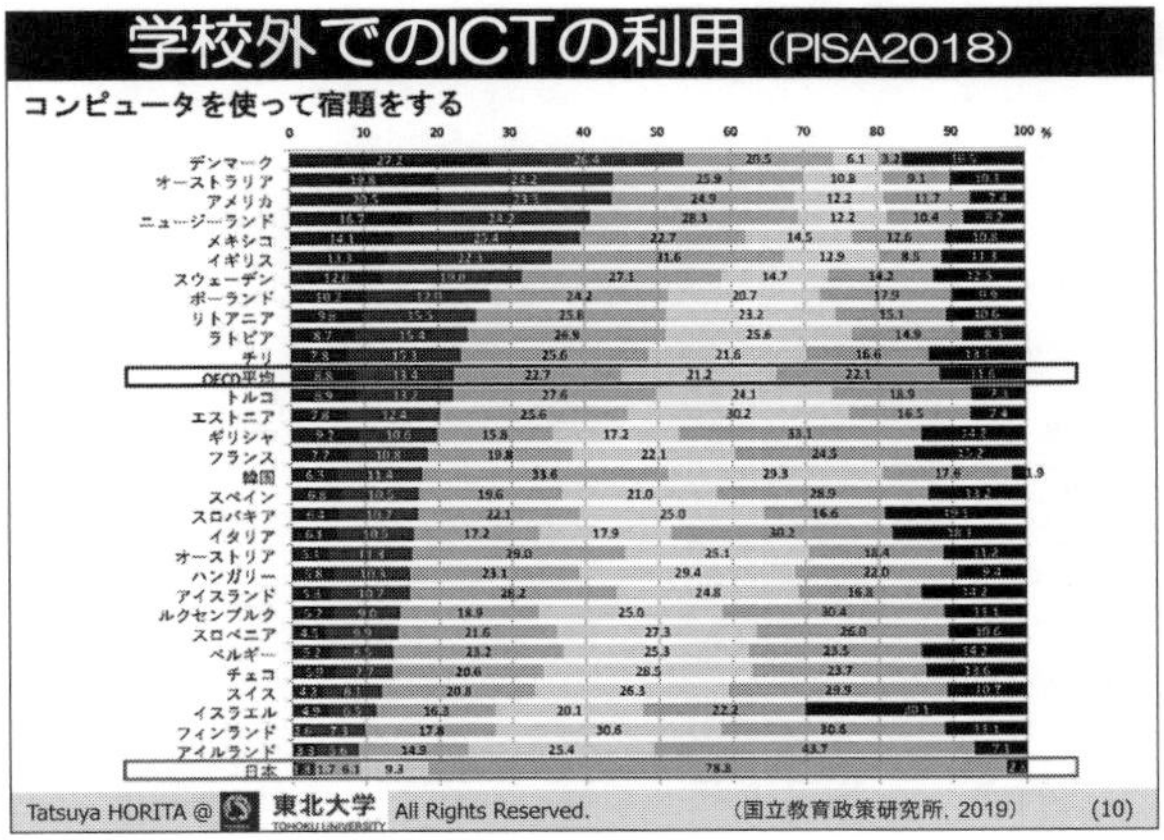

図1-3-5

(30) 情報内容の信憑性を判断したり、自分の価値観に囚われず送り手の意図や立場を考えたりすること。

(31) メディアの意味と特性を理解した上で、受け手として情報を読み解き、送り手として情報を表現・発信するとともに、メディアのあり方を考え、行動していくことができる能力。

割合は、日本の子どもたちはＯＥＣＤで最下位だったということです。しかも、少し上のフランスとかギリシャとかルクセンブルクとかと比較しても、ダントツ最下位だというのが分かるというわけです。つまり、学校の中では、ＩＣＴがほぼ使われていない。学習の場面では、ほぼ使われていないという

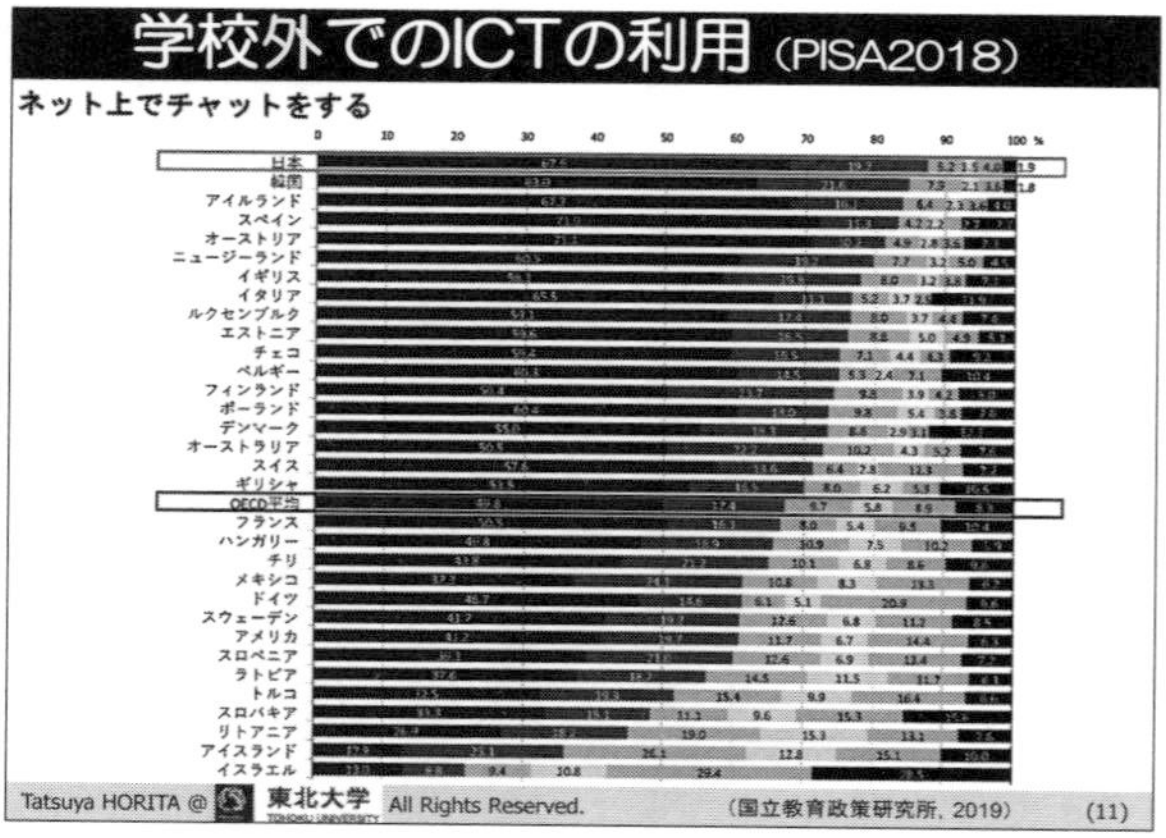

図1-3-6

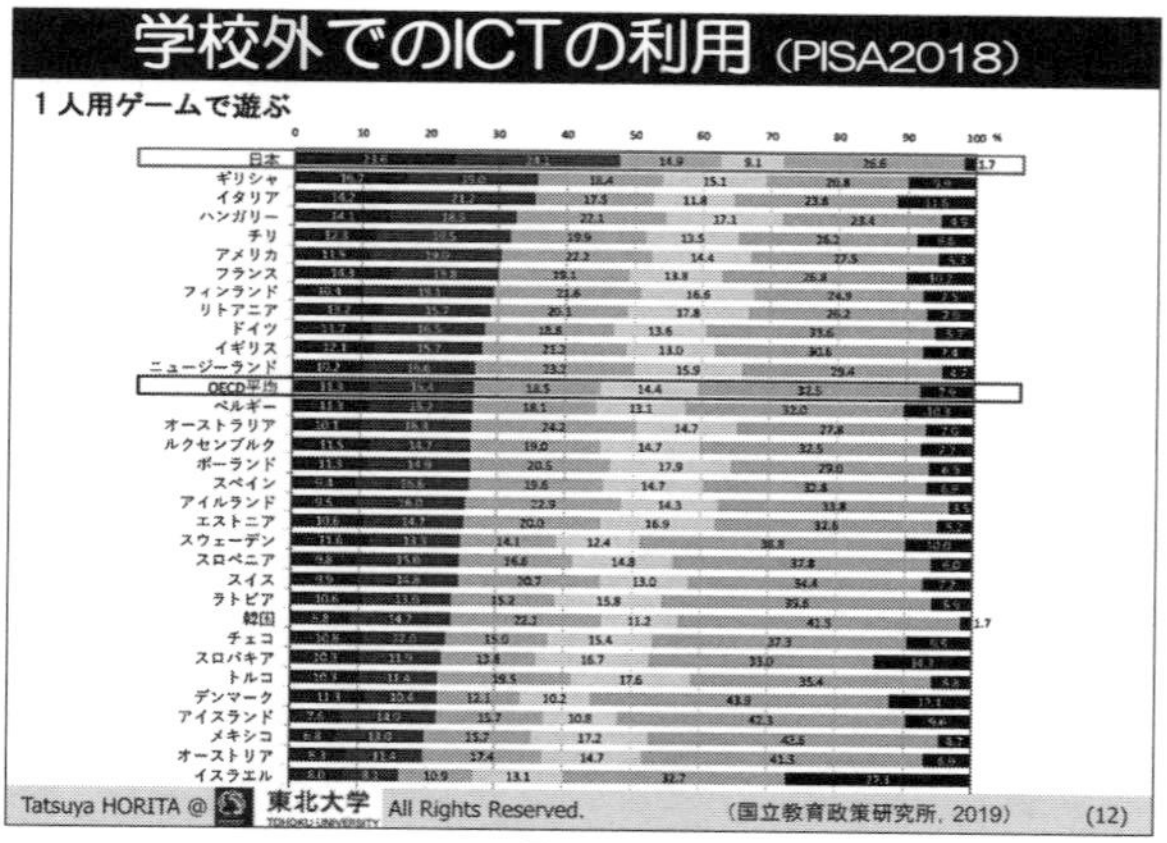

図1-3-7

ことです。では、帰ってから宿題などでは使われているのかというと、これも圧倒的な最下位なんです。つまり、学習に至っては、学校の中でも外でも使われていないということが分かったのです。

一方で、一位なのは「チャットをする」とか「ゲームをする」とかで、世界でもダントツです。つまり、彼らはデジタルものが使えないというわけではなく、学習の場面で使うということの経験が少ないのだということです。では、なぜ学習の場面でICTを使う経験が少ないのかと考えたときに、その理由として、学校のICT整備が十分でないことや、学校の授業は子どもがICTを使うということを前提としていないことなどが挙げられます。そして、そのことは子どもたちがICTを道具として、いろいろなものを見付けながら、探しながら、見出しながら学ぶという学び方の会得がなされてないということにつながります。仮に、今、学力がほかの国に比べて高かったとしても、「自分でいろいろな情報をもとに学び取っていく」という学ぶスキルは、もしかしたら低い可能性がある。これが、端末を一人一台きちんと備えていかないといけないのではないかというGIGAスクール構想の政策の根本にある話だということです。

「ICTスキルの習得など家庭でやればいいじゃないか」という話もあるんだけど、図1-3-8のような資料があります。これは読解力の分布ですけれど、四つに分けています。何によって分けているかというと、社会経済文化的背景といわれるESCS(32)というものを指標にしています。これは文化的な水準がどうかとか、経済的な水準がどうかとか、要するに貧困が読解力に影響してるかどうかというのを示したグラフです。このESCSが最下位の二五%の子どもたちは「恵まれない子どもたち」と言ってもいいかもしれませんが、この子たちがレベル1で二七%。レベル2が二八%。レベル6まであります。そして、レベル1

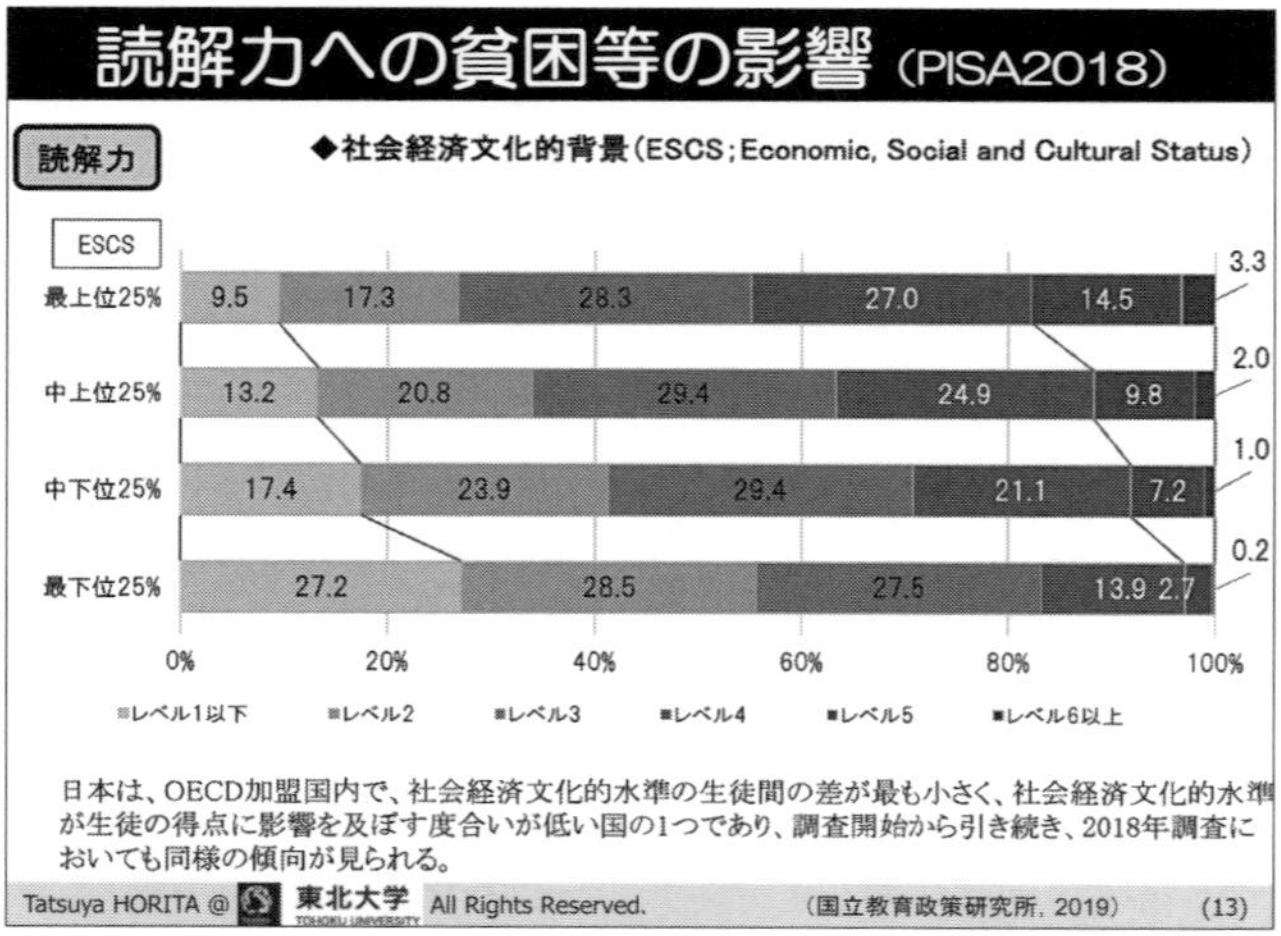

図1-3-8

（32）社会経済文化的背景(Economic, Social and Cultural Status)のこと。保護者の学歴や過程の所有物に関する質問から指標を作成する。

とかレベル2というのは、おそらく職業に就けないか、あるいは就けても仕事が続かない、そういう人材ではないかと言われている層です。ESCSで分けることによって、貧困等が子どもたちの読解力に大きく関係してしまっていることが分かりました。

学校に来れば貧困層の子供も等しく学ぶことはできますが、今は学校で学習にICTを使っていないので、読解力が家庭の教育力とか文化的背景に依存しているわけです。今のままだと家庭の状況が子どもたちの学力に大きく影響してしまうという、そういうことがあるというわけです。今、僕が話したのは「2018」の話ですが、この傾向はもう「2015」でも「2012」でも見られていたんです。それが少しずつ広がっているということが「2018」のPISAで明らかになったという話なのです。

コロナ禍でのオンライン授業の実際

堀田▼　というわけで、ここから本題に入ります。コロナ禍でオンライン授業がどうだったのかという話です。これは先ほど先生方がいろいろ資料を出してくれました。文部科学省の七月一八日の統計によると、同時双方向の、今私たちが鼎談を収録しているＺｏｏｍのようなものを利用できたのは一五％。小学校でいえば八％で、中学校でいえば一〇％だったということです。四月の統計が五％で、その後一五％になっているんだけれど、三か月でたった一〇％しか伸びなかったということが、ある意味衝撃だったわけです。一五％で低いということも衝撃でしたが、三か月も経って、これだけ親が心配しているのに、社会が話題にしているのに、たった一〇％しか増えなかったのかということですね。「学校は何をしていたの」と言われてしまったということです。

もちろん同時双方向ではない形でも、いろいろできることは

学校が課した家庭における学習の内容

〔設置者数〕

	小学校	中学校	義務教育学校	高等学校	中等教育学校	特別支援学校	設置者単位	(参考)前回値
教科書や紙の教材の活用	1,715	1,742	87	153	20	105	1,794	1,213
	100%	100%	100%	99%	100%	95%	100%	100%
テレビ放送の活用	608	586	41	48	10	39	688	288
	35%	34%	47%	31%	50%	35%	38%	24%
教育委員会等が作成した学習動画の活用	385	407	34	46	10	47	467	118
	22%	23%	39%	30%	50%	43%	26%	10%
上記以外のデジタル教材	591	627	46	79	15	47	721	353
	34%	36%	53%	51%	75%	43%	40%	29%
同時双方向型オンライン指導	138	173	15	72	14	44	270	60
	8%	10%	17%	47%	70%	40%	15%	5%
家庭でも安全にできる運動	1,076	1,047	58	84	15	78	1,180	-
	63%	60%	67%	55%	75%	71%	66%	-
その他	30	22	2	2	0	11	49	145
	2%	1%	2%	1%	0%	10%	3%	12%

※複数回答あり。　新型コロナウイルス感染症の影響を踏まえた公立学校における学習指導等に関する状況について（文部科学省）

Tatsuya HORITA @ 東北大学 TOHOKU UNIVERSITY 　〔文部科学省, 2020.07.18〕　(15)

図1-3-9

あります。教科書や紙の教材が一〇〇%というのは、それ自体は別に悪いことではないのだけれど、オンラインに頼ればもっとできることがいろいろあったんじゃないかと。

しかも、この数字は、文部科学省が設置者、つまり教育委員会に聞いているんです。一八〇〇ぐらいの教育委員会に聞いて、「あ、うちではやってますよ」というのが一五%なんですが、その教育委員会の管下の学校が全てやっているとは限りません。一つでも二つでもやっていたら、「やってます」と言うだろうと考えると、実際の値はもっと低いのではないかということです。日本は情報社会で、かなり先進的な国だと日本人は思っていますけれど、実は世界の人は、さほどそう思っていないんです。ずいぶん情報化には遅れがある。そういう国になってしまっているということが、緊急時の教育において露呈したということです。

図1-3-10は内閣府の調査です。学校の先生からオンライン授業を受けたという上のグラフと学校以外の塾や習い事でオンライン授業を受けたという下のグラフを見ると、学校の方が塾よりも低いんです。このグラフで分かることは、結局、民間の教育産業の方がオンライン授業をどんどん取り入れ

ていて、学校の方が取り入れてないということが一つ。もう一つは、やはり格差があるということです。東京二三区あるいは大都市圏と地方圏ではこのぐらいの格差があって、これはつまりインフラの普及率なんです。例えばSuicaで電車に乗れるとか、そういうことが当たり前の地区とそうでない地区で、やはり格差が出るということですね。これは社会インフラの問題です。だから、先ほどのＥＳＣＳに近いような話で、住んでいる場所によって格差が生まれてしまうのはいけない。やはり、全国津々浦々きちんと情報化する必要があるんじゃないかという話なわけです。

僕はこの分野が専門なので、

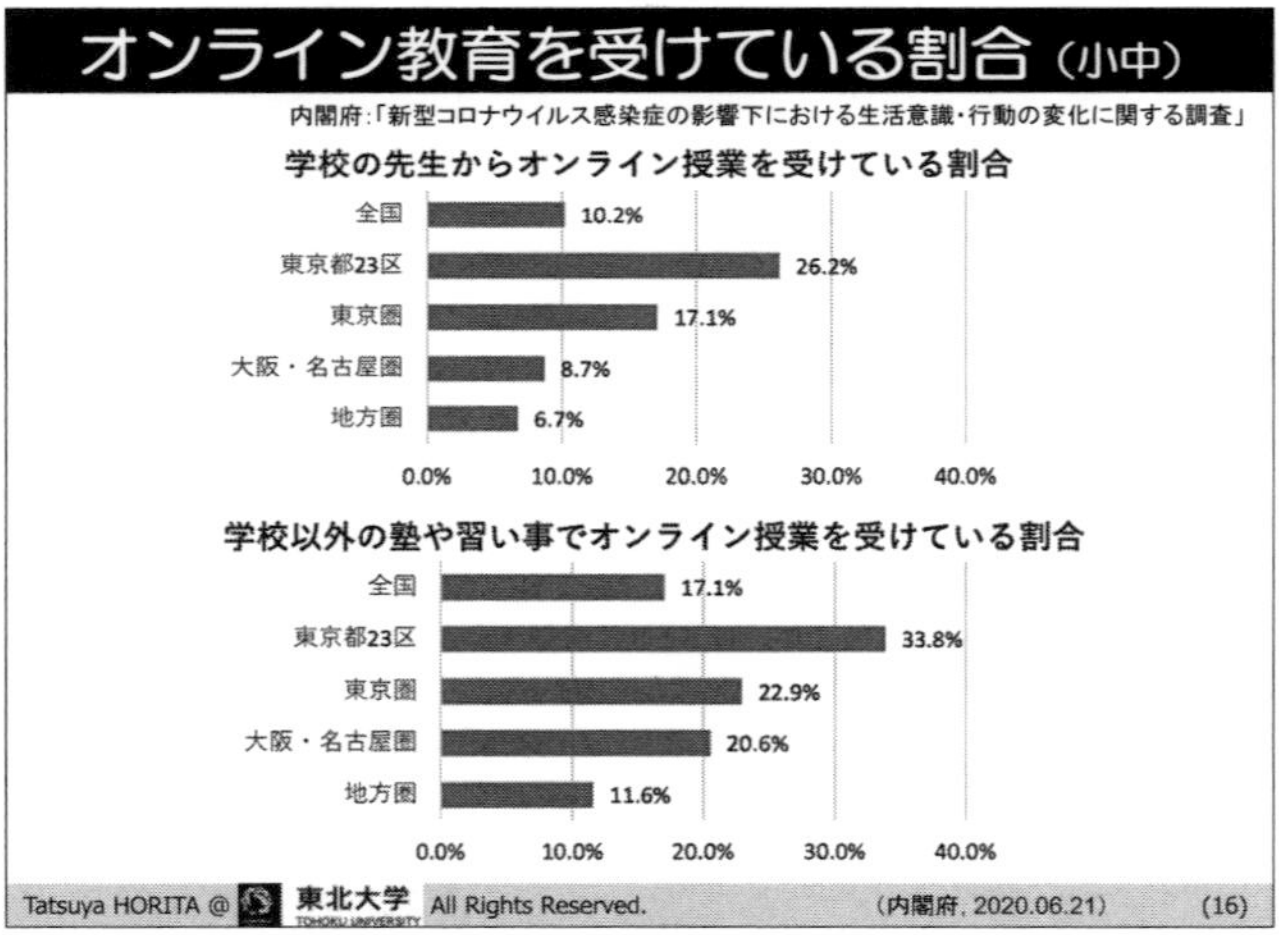

図1-3-10

日本教育学会(33)のシンポジウムで「何でオンライン授業ができなかったのか」あるいは「オンライン授業は一体全体何が役に立ったのか」という話をしました。

まず、オンライン授業に社会はどう期待したかということです。当然オンライン授業は万能ではない。対面が良いに決まっているんですけれど、対面授業が叶わない状況の中で、オンライン授業に対する要望はとても大きかった。分散登校などが続いていくことを考えると、登校できない時間の学びの保障をバックアップとして確保したい。そのためにオンライン授業というのは、これからも恐らく、それなりにありえるものだということです。

二番目、オンライン授業の効能です。「オンライン授業」と言っているけれど、今のところ法律では授業時数としてカウントされないので、正確には「家庭学習のオンライン化」です。さて、「オンライン授業」と言われる取組の中で一番多かったのは、朝の会でした。つまり、学習内容は極端な話、紙やYouTubeで流せばいい。だけど、オンラインであっても、実際に健康観察をやろう。「元気か?」って言おうということです。これは赤坂先生のお仕事と関係すると思うのですが、学級経営的な要素のところはやはり、非常

(33) 個人会員約三千人であり、教育学に関わる研究領域を対象とする学会としては日本国内で最大規模の学会のこと。一九四一年創設。

にニーズが高かったんです。これによって、子どもたちから少しでも不安が取り除かれ、学校への帰属意識を高めるということにつながった。一日三回オンラインをやるとか、そういうふうに決めていた学校もありますが、それによってリズムをつくるというようなことをやっていたんだということですね。

もう一つは「オンデマンド」(34)と言われるものです。自分のペースで、自分に必要な時間をかけて映像を見たり、問題を解いたり、スライドを作ったりするような方法です。こういうのができるためには、例えばG Suiteのような、Google Classroomのような、そういうものが必要で、アカウントが必要になります。このアカウントは先生から見て、先生と子どもたちがきちんと紐付けられている必要があるので、学校あるいは教育委員会がきちんとアカウントを付与するということが必要になります。これが既にできていた地域ではオンデマンドの学習も十分にできたのですが、「どうやって付与すればいいの?」とか「そもそもみんなに付与して、本当に使うの?」とか言っていたところでは、できなかったということです。

最後、オンライン授業のフォローアップです。オンライン授業というのは、端末があって、Wi-Fiがあって、そうしたらできるというわけではありませ

(34)ユーザーの要求があった際に、その要求に応じてサービスを提供すること。ブラウザなどを通じてユーザーのリクエストに応じて、テキストや画像などのコンテンツを配信しているインターネット上の多くのデータ配信は、オンデマンド方式といえる。(例:eラーニング)

ん。それでも出てこれない子どもたちがいるんですよね。これは不登校気味の子どもだけでなく、家が学ぶ環境ではないような、例えば虐待とか、そういうような状況の中で家庭にいる子どもも存在する。学校に出てくれれば学ぶことに誘えるけれど、家庭にいる間はそれができないという子どももいる。

環境が整っていない子どもの数が多くて、「貸し出し用の端末もWi-Fiもあるんだけど、足りないんです。交代で使わせています」という現実もあったようです。こういうことをどう考えるかというのが、これからの大きな課題だと思います。

なぜ、日本ではオンライン授業ができなかったのか

堀田▼　最後にオンライン授業がなぜできなかったのかということを総括しておきたいと思います。それから、佐藤先生はオンライン授業の研修をオンラインで遠方からやっていますので、後でその話をしてもらいたいと思います。

さて、オンライン授業ができた学校では、ＩＣＴがあまり得意じゃないという先生たちも、かなり頑張ったように僕は思います。研修についても、学校あるいは先生たちはオンライン授業に果敢に挑戦していました。自信がな

いと言いながら、一生懸命やっていたんです。上手いかどうかはともかく、とにかく努力を重ねたと思います。でも、これはオンライン授業に取り組めた数％の学校の話で、取り組めなかった学校の方が多かった。そういうところの先生たちは、とうとうオンライン授業を経験しないまま学校が再開したのです。次にまたコロナが来たらどうするんだろう、また同じことを繰り返すんだろうかということが、一つの心配です。

二つ目は、管理職が「オンライン授業をやります」と言ってうまく教育委員会と交渉した例がある一方で、管理職や教育委員会が止めたというケースも少なからずありました。

苦手な先生に負担だからという理屈でした。でも、できる範囲から、できる人から協力してやれば、できないことはないわけです。カメラのセットをしてあげれば、あとはその前で授業をするだけだから、いつもと同じようにできることはいっぱいあるんだけど、それがやれなかったということがありました。

三つ目は校長会や教育委員会で足並みを揃えるとか、特定の学校だけやるのはよくないとか、緊急事態にも関わらず、しかも文部科学省はやれる学校からやれと言っているのにも関わらず、設置者が足止めしたということもありました。これは今後の日本の学校教育を考えるときに、何とか破壊しなければいけない構造だと僕は思っています。

四つ目は、家庭の事情を想定した判断ですね。Wi-Fiがない家庭は、地域によって五%だったり、四〇%だったりするんですけれど、おしなべて言えば大体一～二割でした。この理由から、オンライン授業を実施しないと判断した例があったということです。先ほどESCSの話をしたのはそういう理由です。「家庭で学ぶ」ということを授業に含む時代になると、教師の責任ではないにしても、家庭の学習環境ということも教師が考えなければいけない範囲の中に入ってくるように思います。

五つ目は整備。「学校の整備が十分でないから、オンライン授業を許可しない」などです。あるいは「壊れたらどうするんだ」とか、学校でガチガチに設定がされているので、学校から持ち出すと、もう使えなくなっちゃうとかですね。あるいは、役所のルールで「公的機関のものを公的機関から持ち出してはならない」ということになっているとかですね。これは平常時のルールがあり、緊急時なのに特例的に取り扱われず、平常時のまま判断されたという、そういうことがあったということです。

今日、僕がこの話をしたのは、「オンライン授業」という新しい授業スタイルに期待する部分がある一方で、コロナとオンライン授業によってわが国の教育体制の弱点が可視化されてたくさん出てきた。にも関わらず、学校が再開してしまえば、今まで通りに戻ろうとする力がすごく強く働いてるような気がします。今までのやり方がベストだったとは限らないのに、そこに戻ろうとしている力があるような気がして、このことを、この後、先生方と議論していきたいと思っています。

佐藤▼ ありがとうございました。赤坂先生からご質問をお願いします。

赤坂▼ 一つ一つ納得することばかりです。一つ、堀田先生の見通しをお聞きしたいことがあります。今回のことでGIGAスクールが前に進んで、端末とかそういったものの整備をすると思いますが、これを使う教師教育(35)はどうなるのでしょうか。堀田先生、そこの

(35) 教師の自己教育を含む養成・採用・研修等にわたる教師の力量形成のこと。

見通しは、どのように思っていらっしゃいますか。

堀田▼　これはですね、教員養成大学の先生（赤坂先生・谷先生・佐藤先生）にぜひ聞きたい（笑）ですね。一人一台情報端末が入るというのは多くの先生たちも知っているわけですが、ちょっと戦々恐々としていると思うんです。乗り越えている学校は、もうすでにいくつかあって、実はやってみると「案ずるより産むが易し」みたいに、やってしまえば何てことないのです。ただ、考え方はちょっと変えなきゃいけないところがあります。そこをどうやって伝えていくかというのが、これからの僕らの役割だと思っています。

　一方で、学校の先生は、別にＧＩＧＡスクールの端末に慣れることだけを教員養成でやるわけではないから、たくさんの教師がもっていなければいけない能力のうちのどのぐらいの割合が端末操作なのかと考えたときに、どうでしょうね。ＧＩＧＡスクール対応の授業が一コマあって、そういう知識がたくさん教え込まれたとしても、一人一台端末があるような時代の教師になれるとは限らないと僕は思います。先日、

北海道教育大学のセミナーにオンラインで出たんですけれども、そこでは「教員養成大学の授業は学生が一人一台端末を持っていて、探究的にやれるような授業を、どの科目でもやったらどうでしょうか」みたいな話をしました。赤坂先生の授業も、ぜひ、そうしてください。

赤坂▼　頑張ります（笑）。

佐藤▼　では、谷先生、お願いします。

谷▼　実は今日（二〇二〇年一〇月五日）、僕は研究室からＺｏｏｍをしています。初めて大学院生たちに対面授業をしていいという許可が出たので、今日、対面で大学院の授業をしました。そのときに一人、「体の調子が悪いのでオンラインでやってほしい」という学生がいたので、オンラインと対面の両方をやりました。それを「ハイブリッド化」というのかどうか分かりませんが、そこにパソコンを置いて、Ｚｏｏ

mにつなぎながら一斉授業もし、尚且つ、みんなにも画面を見せながら遠隔で受けてる人にも共有して見せるという、それだけのことです。何ら難しいことではないわけですけれども、こういうことをもっと現場の先生方が気軽にできるようにならなきゃいけないんだろうなと思います。

先ほど、「佐藤先生が教員研修をオンラインで進めておられる」というふうにお話が出ていましたけれども、私もそんなに数は多くありませんが、いくつかオンラインで校内研の講師をしてくれという依頼が来ています。面白いのは、皆が一か所に集まってスクリーンに私を映し出して聞くタイプもあれば、全員がそれぞれの教室にいて、それぞれの端末から私の話を聞くタイプもある。その時々で、先生方のやりとりが非常に違うので、とても興味深いなと思います。

堀田先生がおっしゃったように、教員養成系の大学では、「これからの学校ではそういったことが必須になる」ということを、絶対に扱わなければいけないんだろうなと思っています。僕は今、教育の方法と技術を教えています。それをオンラインでやらざるを得なくなった今回は、受講生たちに「みんなよかったね」と言っています。「オンラインで受講できるって、しかもオールオンラインってめったにないよ。こういうことは二度とないと思う?」と聞くと、みんな「いや、もう一回あると思う」と答えます。「若い先生が教師を長く続ける間に、必ずもう一回来るよね」ということは、皆、納得しています。

堀田先生にお聞きしたいのは、先ほどおっしゃったように、「休校が終わって、現場に行ってみるとごく普通の授業になっていて、みんなマスクを着けているのだけは違うんだけど、普通に授業をしているから、何かもう大丈夫になったっぽい」というムードがどこか流れているんです。僕は、「休校が終わった今だからこそ、逆に子どもたちにオンラインを教えるべきなのではないか。目の前に子どもたちがいるから教えやすいので、今だから子どもたちに端末を触らせ、今だから学校の中で模擬的にリモートをやらせ、子どもに体験をさせておかないといけないのではないか」と先生方に申し上げているんです。けれども、先生方はなかなか動けないんですね。この辺り、堀田先生、今すべきこととして、どのようにお考えでしょうか。

堀田▼ これは赤坂先生のお仕事との関係も実はあるんです。人間関係がある人たちがオンラインをやるというのは、まあまあうまくいくんですけど、オンラインで人間関係をつくるというのは意外と難しいところがあります。先生たちが朝の会などをしきりにやろうとした背景には、そういうことを直感的に見抜いてるんじゃないかと思うところがあります。そういう意味で、学校にいるうちに「オンラインになったらこうしようね」ということをきちんと授業で教えておくということは、言ってみれば避難訓練みたいなもんです。避難訓練をしていたから逃げられるんであって、避難訓練をしたことがない人たちが突然に大変な目に遭ったら、うまく行動が取れないだろうと。だから「緊急時になったらオンラインをやろう」というのは、非常にリスクの高い方法です。僕は谷先生がおっしゃったように、今のうちだからこそ、やっておかなければいけないと思うし、これからも対面一〇〇でオンライン〇ではなくて、対面九〇オンライン一〇ぐらいで普段の学校教育が動く必要があるんじゃないかなと思います。

谷▼　つまり、カリキュラムをそうしなければいけないのではないかということですよね。

堀田▼ はい、そういうことです。

佐藤▼ ありがとうございました。堀田先生が「少しオンライン研修の話を」ということだったので、ほんの少しだけお話しさせてください。

ある学校の女性教師の話です。ベテランで、オンラインなどはやったこともなかった先生なんですが、一回体験したら、「ああ、こんな感じでいけるのか」という感覚を掴んでくださいました。オンラインで朝の会をやっていたのですが、同時多発的にやるのではなく、一年生、二年生、三年生とずらしてやっていき、全ての先生がそこで見ているというような状況をつくっていました。皆が不安にならないような状況を、最初に何回か繰り返すということをやっていました。実物投影機を駆使して、オンラインに取り組んでいるベテランの先生というのは、すごいなと思いました。

それから、今、対面九〇オンライン一〇ぐらいでやればいいんだというお話がありましたが、この学校は休校が終わっても続けているんですね。ほかの学校との学校間交流学習を英語でやるとか、そんなこともやっています。こういうところが、対面九〇オンライン一〇というお話にあった姿なのかなと感じています。

堀田▼ 佐藤先生、オンライン授業のことをオンラインで研修するっていうのは、例えばどういうことをやったの？

佐藤▼ まずは体験なんですけど、皆が一か所で集まって研修を受ける学校はダメなんです。というのも、「子どもたちが家にいる」ということを想定しにくいので、何となく分かった気になってしまうというのと、誰かに任せてしまうという状況がありますよね。ですから、私は「一人ずつ端末を持って、教室に散らばってください」とお願いしていました。「自分一人で端末を持ったときに、先生たちはどこに困って、何が心配でしょうか。それが子どもたちの気持ちなので、まずは体験しましょう」みたいなことを最初に行うことが多かったと思います。

堀田▼ それは非常に意味があることですね。

佐藤▼ 谷先生、いかがですか。

谷▼ 本当におっしゃるとおりです。教師側もその方が疑似体験できるし、実際には、一斉に集まって子どもたちを指導するということではないのが本質ですものね。もう本当に賛成です。

第1部
解説

若い感性を伸びやかに発揮できる現場に

谷　和樹

冒頭、佐藤先生の問題提起が非常に重要です。「Society5.0」といわれるこれからの社会。その中で日本の教育の弱点が見えたともいえる「ＰＩＳＡ２０１８」。そして、今回の「ＧＩＧＡスクール構想の前倒し」といった「大きな背景」を理解しておく必要があります。

中教審では、次の答申素案を二〇二〇年一〇月に出しました。

> 「『令和の日本型学校教育』の構築を目指して～全ての子供たちの可能性を引き出す、個別最適な学びと、協働的な学びの実現～（中間まとめ）

この中には「個別最適な学びと協働的な学び」や「これからの学校教育を支える基盤的なツールとして、ＩＣＴは必要不可欠」といった重要な内容が示されています。今の段階で、必ず目を通しておきたい文書です。

また、「一斉授業か個別学習か」「履修主義か修得主義か」「デジタルかアナログか」「遠隔・オンラインか対面・オフラインか」のような『二項対立』の陥穽」に陥らないで、様々な文脈に即して柔軟に組み合わせることの大切さを述べています。今回の鼎談は、まさにこうした考え方をどう実現するかを話し合ったものでした。

その流れの中で出されたのが、赤坂先生のまとめです。

・子どもが登校、通学をしないと、子どもとつながる方法がほとんどなかった。
・有事のストレス下におけるマネジメントが構築されていない。

つまり、「柔軟に組み合わせる」どころか、「まったく硬直していた」と言わざるを得ない面がありました。それが、今回のコロナ禍での学校のイメージなのです。もちろん、コロナで大変な中、本当にしっかりと努力してオンライン等の対応を進めた公立小中学校もたくさんあります。

しかし、その一方で、かなりの割合の学校がオンラインには「逃げ腰」だったことも認めなければなりません。

もっともらしい「やらないための言説」が、多くは「ベテラン」の側から出されたといいます。私たちの研究会の仲間の証言です。

1 子供に貸し出せる端末がない。
2 セキュリティを確保できない。
3 ネットがない家庭に不公平だ。
4 学校・地域間格差をどうするんだ。
5 そもそも、オンライン設備が十分じゃない。

このことは、重要な記録として強調しておくべきであると思います。

鼎談で堀田龍也氏が述べているように「案ずるより産むが易し」なのです。まずやってみる。若手のやる気にどんどん任せてみる。失敗してもいい。やりながら修正する。そういったフレキシビリティがもっともっと必要です。

私たちTOSSという教育研究団体では、リアルな対面授業と同様に、オンライン授業においても、教師の技量を高める取組を進めています。

良い教科書や資料を使うことも大切です。それを適切なロジックで配置し、系統化することも大切です。しかし、授業にはまた別の要素もあります。鼎談中でも触れましたが、堀田龍也氏はそれを「授業には熱中軸がある」と表現したことがあります(文責：谷)。授業には「内容軸、方法軸、熱中軸の三軸」があるというのです。

どんなに内容と方法が良くても、子どもたちが「熱中」する仕掛けには、また別の要素があります。そして、熱中するからこそ、もっと「主体的、対話的で深い学び」へと誘っていけるのです。この熱中軸は、オンライン授業でも極めて重要であると考えています。堀田氏のこの指摘は、「もっと現場はフレキシブルに指導法を工夫せよ」という宿題でしょう。

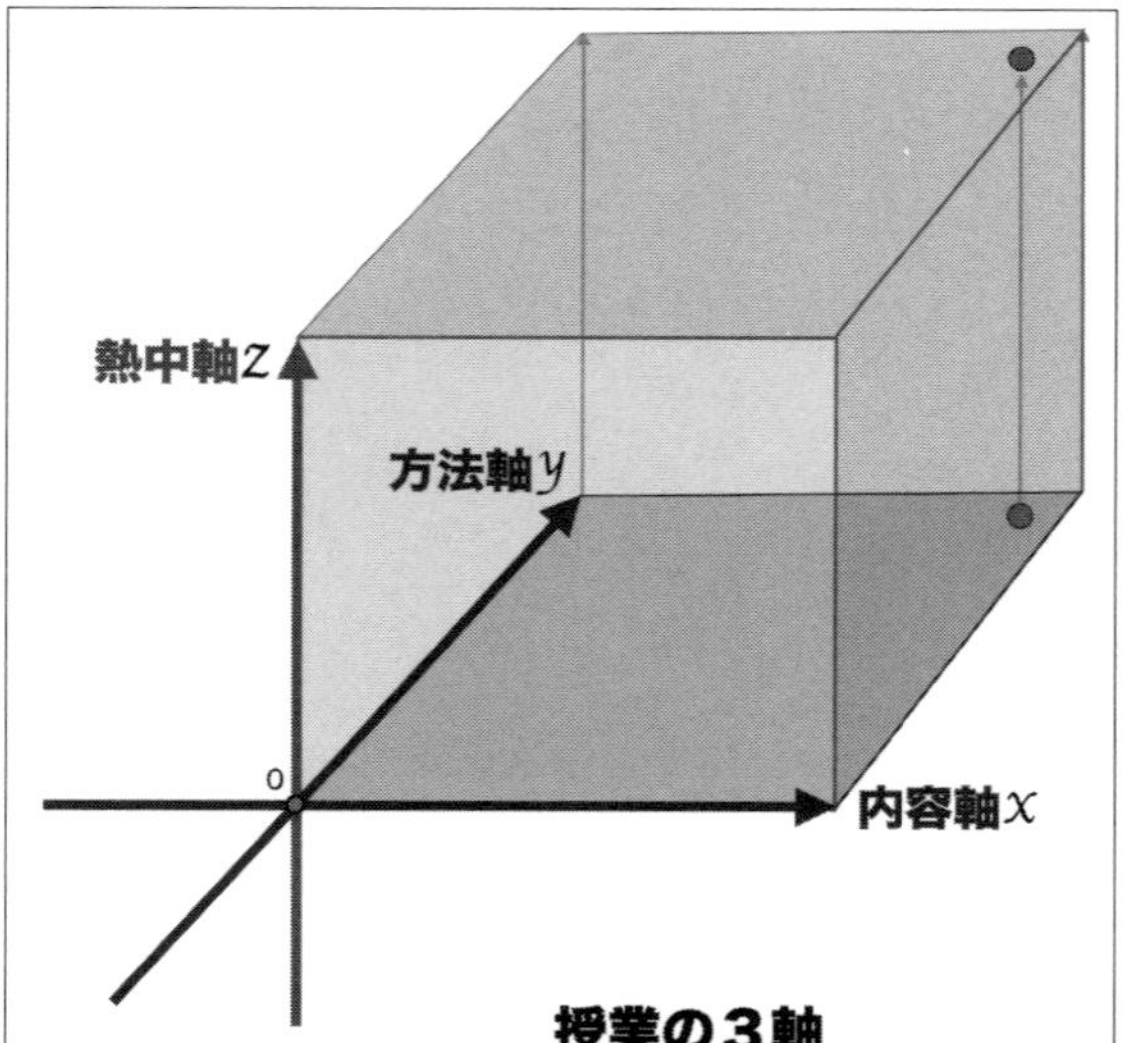

授業の３軸

第2部

Withコロナ・GIGAスクール時代の教育

第１章 オンラインにおける教育技術の可能性

教室環境の整備

谷▼　授業技術云々という前に、環境設定的なことが本当になされるのかということについて、疑問に思っています。この文科省の資料を見ると、「授業中における端末の利用を前提とし、教科書、ノート、文房具などを置くことも想定した机を設置。」と一行目に書いてありますね。一番の一行目です。大事なことですから、先生方に紹介しています。「机を設置」と書いてあるから、「もうすぐＧＩＧＡスクールで一人一台の机端末が来ます。机は発注しましたか?」と聞くとポカンとされます。「じゃあ、今学校にある机で大丈夫なのでしょうか」と言って、ごく一般的な学校の机の写真をお見せすると、「それがある」と。個人個人がそこに座っていて、各々が「引き出し」や「お道具箱」を用意し、普段その机に座っている子の荷物を入れている。そのような状態で、ＧＩＧＡスクールの目指してることが実現できるのでしょうか。そこから点検していかないといけないのではないかと、今話し合っているところです。

これは、教育委員会との連携がないとできないことです。しかし、実際に子どもを目の前にして使っていくのは現場の先生ですから、「先生方から声を上げていかないといけない。要求していかないとダメなんじゃないか」ということを申し上げています。

このときに、例えばおしゃれなＩＴ系のオフィスのように自由度の高いレイアウト等も考えられるのかもしれません。先生方それぞ

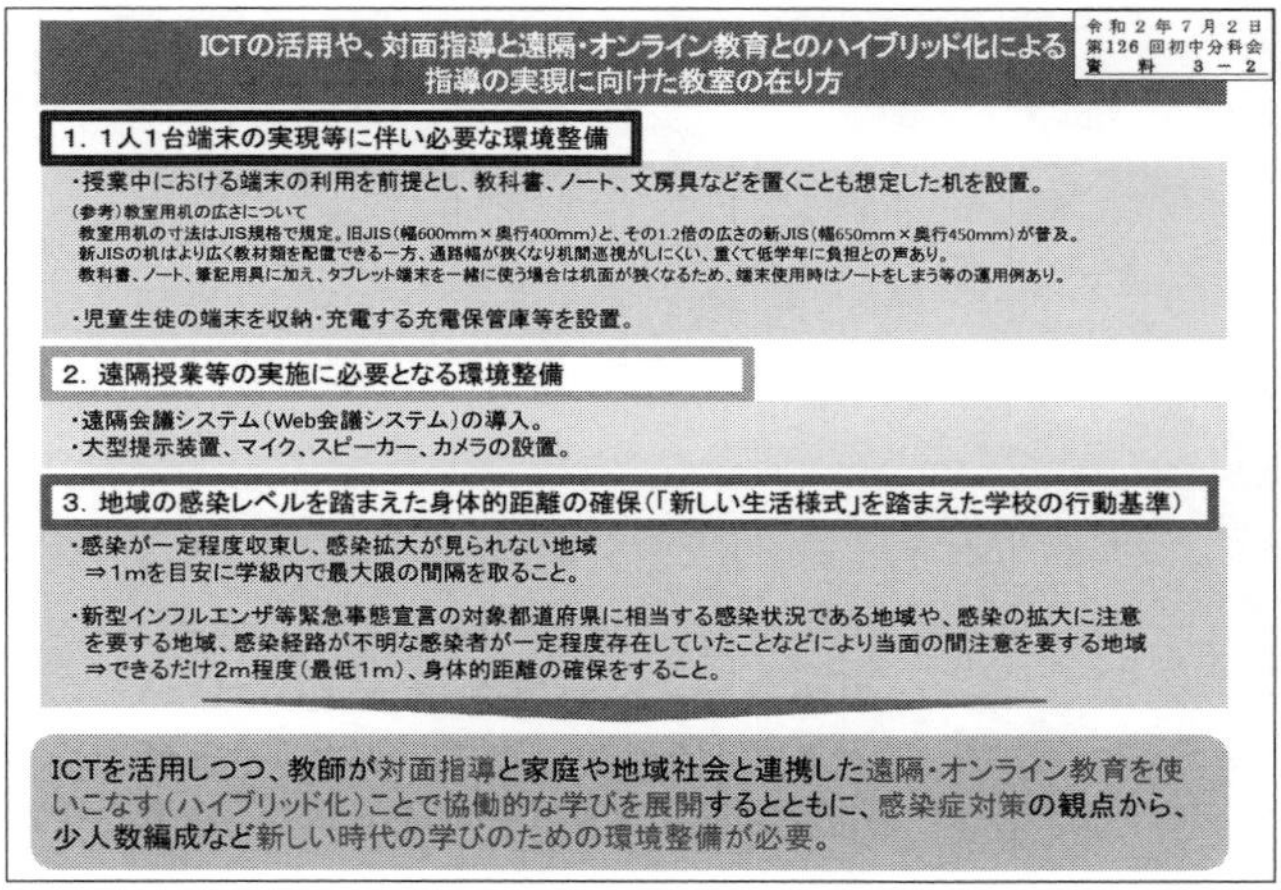

図2-1-1

れが、考えなければいけない。僕たちＴＯＳＳは、毎年アメリカの小学校に視察に行っています。[36] そこでは、既に図２-１-２のような状態です。公立の小中学校が普通にこういう状態になっているわけです。ソファーもありますし、こっちではこういうことをやっていて、その向こうでは子どもが何か手を挙げているという状態ですね。

それからタブレットＰＣなどの保管庫が必要です。一人一台導入されたら整備されるとは思いますけれども、「じゃあ、コロナ対策が必要な中で、みんな一斉に取りに行くんですか？授業中にどういう手順で取りに行かせるかというプロトコル[37]をつくりましたか？」と言うと、「ああ、そういうことも必要で

図2-1-2

図2-1-3

(36) アメリカ特別支援教育視察では、ミシガン州ビッグラピッズをはじめ、バージニア州リッチモンドなどを巡った。またＩＣＴ教育視察では、シアトルのベルビュー・チルドレンズ・アカデミーなどを訪問した。

(37) 手順や規格をまとめた約束事のこと。

すよね」という話になるわけです。今から、そういったことも含めてしっかりと考えていかないといけないと思います。

図2-1-4では、アメリカの男の子がタブレットで勉強していますが、当然タブレットのほかにプリントも置いてあります。ほかの紙も筆記用具も全部置いてある状態でやっています。

教室によってレイアウトは違っています。担当する先生のアイデアによって、様々なレイアウトと共にICTが使われています。「このICTは何の役に立って、いかに良いのか」ということを、子どもたちが僕に説明してくれました。このような情報を、もっと日本の先生方に共有していかなければいけない

図2-1-4

図2-1-5

と思います。

〝自分の机〟という概念をなくし、自分の荷物を持って歩いた方が良いかもしれません。図2-1-5に見られるように、自分のバッグを持って行って、自分が座った机の後ろに掛けて勉強するというスタイルもあります。シアトルの学校でも、これと全く同じことをしていました。そのようなことも含めて、日本型の教育の強さを大事にしながらも、しかしGIGAスクールとして学べるところは学んでいく。そういうスタンスが重要なのではないかと考えています。

オンラインに合ったベーシックスキル

谷▼ こうした中で、僕たちが今、オンラインの授業に関して話し合っていることがいくつかあります。まず、「同期型　双方向　オンライン授業」(38)と「非同期型　オンデマンド　オンライン授業」(39)の二種類あります。これは、堀田先生が中教審でお示しになったものと基本的に同じです。

今、僕たちが主に研究しているのは、「同期型　双方向　オンライン授業」の方です。つまり、Ｚｏｏｍなどを使ったテレビ会議で直接やりとりをする

(38) 離れた空間へ、別の空間からインターネット等のメディアを通じて、リアルタイムで授業配信を行うとともに、双方向のやりとりを行うことが可能な方式である。

(39) 別の空間・時間で事前に収録・作成された授業を、学校から離れた空間で、インターネット等のメディアを通じて、視聴・参加したい時間に受けることが可能な方式である。

方を、僕たちの研究会では中心に研究しています。ですが、今後はGoogle Classroom(40)やYouTubeなどを使った方面についてもしっかりと研究をしていかなければいけないと考えていて、この一か月ぐらいで着手したところです。いずれにしても、オンラインに合った授業コンテンツ設計や授業をつくる教材開発をするという側面と、それを使いこなしていくオンラインに合ったベーシックスキルを確立するという側面が存在すると考えています。

ここでは「同期型　双方向　オンライン授業」に合ったベーシックスキルということに絞って、少し紹介させていただきます。まず、前提条件として、通常の教室での授業技術・技能がそもそも優れていなければ、オンラインの授業だけが上手だということはありえません。やはり、教室でのリアルな授業が大切です。そこを大切にするのに、研究会でしばしば共有をしている「教師のベーシックスキル」があります。

これらのスキルはオンラインでも同様に重要になってくると思います。ただ、オンラインでは、例えば「立ち位置」というのがありません。机間巡視もないので、そういったことについては、「オンライン版」のように項目を変えました。

(40)「Classroom」は、Google Apps for Educationの一つで、クラウド上に〝クラス〟を作り、運営・管理できる無料ツール。ユーザーであれば、誰でも利用できる。教師側は、生徒を登録して〝クラス〟を作成し、教材・課題の一括配付・進行チェック・採点を行うことができる。

オンラインでは「確認」が難しいです。本当に子どもが作業したのか、本当に子どもが書いてくれたのか、声を出しているのかという確認の技術がいるでしょう。また、もっと褒めなきゃダメです。オンラインでは、対面の授業より、もっともっと奮発して褒めてあげないと、子どもたちは自信をもてません。だから「一〇〇倍ぐらい褒めましょう」という感じですね。

一つ一つ提案しながら、実際に授業をしながらやってまいりました。下の表にあるオンラインに合ったベーシックスキルの①表情（笑顔）ですが、笑顔がよく見えるレイアウトが必要です。資料だけでなく顔も見えるようにして、ニコッと笑いながら「ここを見てごらー

教師のベーシックスキル7（通常版）

①表情（笑顔）
②声（声量・トーン）
③目線
④立ち位置（動線）
⑤リズム・テンポ
⑥対応・応答（称賛・激励）
⑦作業指示

オンラインに合ったベーシックスキル

①表情（笑顔）
②声（声量・トーン）
③目線
④リズム・テンポ
⑤作業・確認
⑥対応・応答
⑦称賛・激励

ん！」と呼びかけた方が、効果があるわけです。資料が表示される方向を指差しながら「ここ見て、ここ見て」とやるのです。

それから②の声。声の遅延を意識した発声が必要です。通信速度の関係で、全員が同じように聞こえているとは限りません。ですから、できるだけクリアな通る声で、一音一音粒立てて発音してあげてほしいです。そして、きちんと動画音声の機械をチェックしてほしいということですね。

③の目線については、当然ですが、カメラをまっすぐ見れば「目が合った」という感じになるので、教室において子どもたちと目を合わせるということとは全く異なってきます。教室では全体を見回しますが、Ｚｏｏ

図2-1-6

mのギャラリービューを見回しても子どもと目が合うわけではないですよね。カメラを見なければ目が合わないわけです。やはり、こういった感覚を教師がもっていて、使いこなしていかなければならない。

もう一つ、教材を見る目線が大事です。カメラを見ながら、「〇〇君、今から、ここを見てもらうよ」と言って、先生も画面上で教材が映っているであろう方向を見ると、教材を見ているように見えますから、つい子どもたちも見る。小さい子向けに、こういったちょっとしたテクニックを使うことができる先生の方が、熱中軸という観点では、子どもたちを引きつけていくのではないでしょうか。

あえて目線を見せないケースもあります。どういうことかというと、つまり自分が消えてあげるということです。教材だけを示して「考えられることを書いてごらん」と言い、しばらく先生が消えてしまうという。そういうパターンも含めて、いくつかのことを提案してきました。

④のリズム・テンポについては、映像・音声の遅延を計算して[41]、子どもの声・反応にちょっとかぶせたり、少し待ったりして進めます。

⑤は重要で、オンラインでは難しい作業の確認です。対面の授業では、僕

(41) 回線速度などの理由により、声や映像がお互いに伝達されるまでにタイムラグが発生する。例えば、教師が子どもを指名し、その子が答えを言い終える寸前に褒めてあげると、遅延があっても丁度いいタイミングで、子どもに聞こえるようになる。

たちは「ノートに書いたら見せに来て」とよく言います。あるいは「先生が見に行くよ」と言います。しかし、オンラインではこれができないわけですね。そこで「ノートに書いたら、こうやってカメラに見せてね」ということを小学校の先生はよくします。あるいは、図2-1-7のようにZoomのギャラリービューで、子どもたちを同時に自分と一緒に見せることが可能ならば、「この列に今から発言してもらうよ」ということが可能になります（注・子どもたち自身の端末では、ギャラリービューにしても、それぞれに配列が違っているため、教師の画面を提示する必要がある）。これも最近では私たちの仲間が非常によく使っている技術です。他に「顔の横に手を挙げます」「小さな声で言ってね」「ノートに書けたら立ちます」「聞きながら3つメモしなさい」「いくつ書けたか指で数えなさい」等々、いろいろ考えられます。

図2-1-7

⑥対応・応答。「先生の声は聞こえますか？」などの確認や、「ミュートのオンオフ[42]を練習しよう」などの技術的なことも含めて、様々な対応・応答が考えられそうです。

オンラインに合ったベーシックスキルの詳細	
①表情（笑顔）	笑顔が良く見えるレイアウト
②声 （声量・トーン）	「声の遅延」を意識した発生 クリアで通る声 一音一音「粒立った」発音 （※「動画音声」などの機器チェック）
③目線	「カメラ」を見る目線 「教材」を見る目線 あえて目線（顔）を見せない
④リズム・ テンポ	映像・音声の遅延を計算する 子どもの声・反応に「少しかぶせて」次へ 子どもの声・反応に「少し待って」次へ
⑤作業・確認	「ノートに書いたら見せてごらん」 「〇〇君の列、上の人から言ってごらん」 「△△した人、顔の横に手を挙げます」 「小さな声で言ってごらんなさい」 「ノートに書けたら立ってごらん」 「聞きながら３つメモしなさい」 「いくつ書けたか指で教えてください」
⑥対応・応答	「先生の声は聞こえますか？」 「大丈夫、よく見えるよ」 「大丈夫、聞こえていますよ」 「ミュートのオンオフを練習しよう」 「背が高くなるように座ってごらん」 「難しいときは□□しようね」 「同じことを思った人、手を挙げて」
⑦称賛・激励	オンラインでは子どもも不安 基本は「“全部”褒める」こと 褒め方のバリエーションを（最低十数個、できれば数十個）

(42) Ｚｏｏｍなどのオンラインのビデオ会議システムで自分の声を聞こえるようにしたり、聞こえなくしたりする機能。

⑦称賛・激励。オンラインでは子どもも不安です。基本は全部褒めてほしい。どんなことを言っても、とりあえず褒めてほしい。褒め方のバリエーションを非常にたくさんもっていただきたい。このような内容を、先生方と共有し始めたところです。

オンライン授業技量検定

谷▼ こういった取組は、私たちの研究会の中では少しずつ進み始めていて、多くの先生方がこういうことが大事だということを意識しています。僕が思ったよりもずっと早く上手になっていますし、皆がごく普通にオンラインの授業をするようになっています。TOSSでは、授業技量検定というものに前から取り組んできましたが、「オンライン授業技量検定」というのもつくろうと思っています。現在、オンライン授業技量検定のプロトタイプ(43)というのを少しだけ下書きしてみたんですが、まだまだこれから内容を検討して修正をしていくつもりです。

次はさらに「オンデマンド型」もしっかりと考えなければいけません。民間企業と協力して「オンライン授業用コンテンツ」を作り始めました。一例

(43) 後での改良を見込んで、大筋として作る最初の型。

を挙げますと、今、先生方が教室で、教科書に載ってる「手紙の書き方」について授業ができないため、日本郵便と提携して、オンラインで手紙の書き方を教えるコンテンツを作っています。これには、双方向同期型と非同期オンライン授業用コンテンツの二種類を設計しました。YouTube的な授業動画、ダウンロード教材、指導用ユースウェア等を開発し、こうした教材開発の方向・設計について議論をしていこうとする取組が始まったところです。

そういったことをしていくためには、当然Google Classroom等のアカウントが必要になり、尚且つ、図2-1-8のように皆で共同のスペースに何かを書き込んでいくことがで

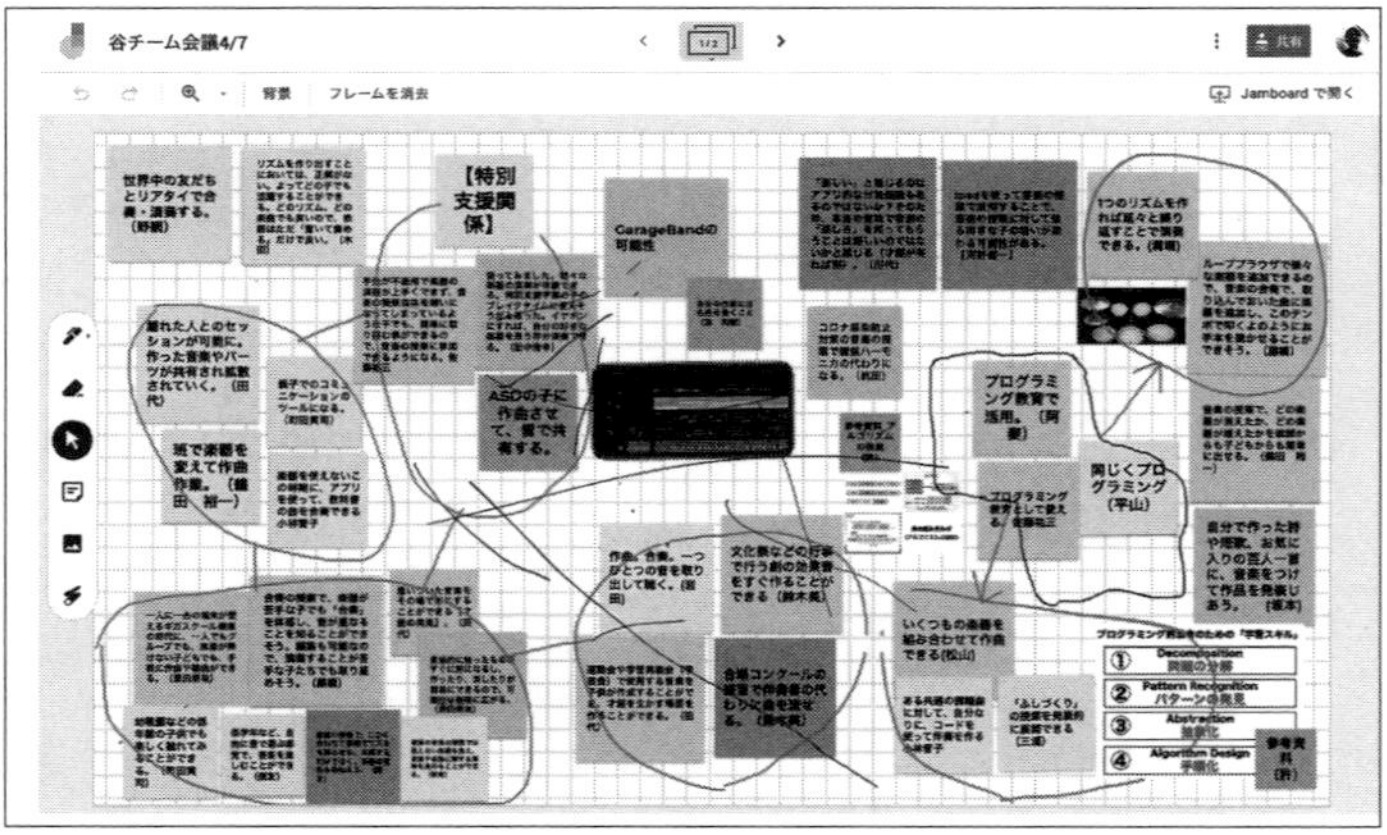

図2-1-8

きるというものが必要になります。これもオンデマンド型で自分が好きなときに書き込むことができるという利点があります。こういったことの一つ一つを先生方が知識として知っており、そして使ってみたことがあるということが大事なんだろうと思います。Prezi(44)なんかも、結構使いこなしている先生がいらっしゃって、最近ではいろいろなものを組み合わせたものが提案されてきています。

ＧＩＧＡスクール時代の教育の取組の方向性として、いくつか私たちが努力していることをご紹介いたしました。

人と人とがつながれる可能性

佐藤▼　ありがとうございました。赤坂先生から、質問をお願いします。

赤坂▼　先ほどの話の具体的内容が聞けて、私としては大変勉強になりました。うちの学生たちにも、そこを知らせなければいけないなと思っています。

先ほど教員養成の話をしましたけれど、うちの大学では、今回コロナの影響でリアルな教育実習ができなくなったので、代替プログラムを実施してい

（44）Preziは、Prezi Inc.が開発しているプレゼンテーションソフトウェアである。オンラインビデオ会議ツールで、自分の顔を見せながらプレゼンできる。

るところです。時間は多くないのですが、学生たちが数人でチームになって付属小中学校にオンラインで授業をするという実習プログラムを、今、体験しているところです。学生たちは、いろいろ奮闘しながら授業をつくって工夫していたんですけれども、やはり谷先生がつくられている「オンラインにおけるベーシックスキル」といったものを、教員養成でも共有していくということがすごく大事だなと思いました。

　谷先生は、リアルに先生方にオンラインでの授業をするなど、いろいろなさっていると思うのですが、オンラインの中では、どれぐらい人と人とがつながれる可能性があるというふうにお考えですか。

谷▼ 「どれぐらい」というのをどういう指標で表すのかは難しいところです。〇から一〇〇の数値で表すのか、それともイメージで表すのか、様々な指標があるのでしょうが。身も蓋もありませんが、僕は正直なところ、基本的には、オンラインでは人と人との本当のつながりというのは難しいのではないかと思っています。もちろん、オンラインだからできることというのもたくさんあります。そもそも人間関係が既にできている人とのオンラインというのは大変な効果があるし、素晴らしいと思います。ただ、初対面の人とオンラインというのは、やっぱり難しいなと思うんです。

ただ、僕は今年、大学生たちに初対面で全部オンラインで授業をやってきましたけれども、リアルで出会いました。今日、対面での授業があり、初めて大学生たちに出会いました。「ああ、あなた、こういう身長のこんなに大きい人だったんだ」とか「はじめまして。…オンラインで会ってますけど」というあの感じですね。だから、高等教育においては、オンラインでもそこそこの関係はつくれるという感じはします。リアルにはかないませんけれども。

赤坂▼ そうすると、やはりオンラインとリアルなつながりを両方経験しながら、信頼関係をつくるというような時代に入っていくということですね。

谷▼ おっしゃるとおりだと思います。もう外国の人ともオンラインで交流できるし、一度でも会った人ならアメリカの人とでも仲良くなれる。会っていなくても「今度会いに行くよ」という話になるんだろうなと思いますね。

赤坂▼ 谷先生、自分がかつて、教育技術の法則化運動（TOSSの前身）から学ばせていただいて、すごく実感していることなのですが、向山先生は「教育技術は全体の教育行為の中の七か八％だ」というふうにおっしゃったことがありますね。その向山先生のお言葉に沿って考えると、対面授業における教育技術が七か八％というふうにシェアしたとすると、オンライン授業の今のテクニカルのところというのは、一体何％ぐらいの教育効果があると考えていらっしゃいますか。

谷▼ 僕の直感的には、オンラインの方がもう少し増えます。七か八％よりもっと増えると思いますね。

赤坂▼ なるほど。そこら辺に、すごくオンライン授業の可能性がありますね。

「普通の先生」でも使える技術の開発を

佐藤▼ ありがとうございました。では、堀田先生お願いします。

堀田▼ 普通に仕事をしている中では、例えば「堀田先生、こういう講演をお願いします」みたいな依頼が、僕に限らず赤坂先生にも谷先生にも佐藤先生にも来ると思うのですが、その人は多分会ったことのない人ですよね。会ったことのない人から依頼が来て、引き受けて、やりとりして、初めて名刺交換するときは当日だということはありますよね。それから仲良くなったり、そうでなかったりはいろいろあるけれど。

オンラインで先に出会うというのは、社会に出ると結構当たり前のことなんだと思うんですよね。このことをどのぐらい学校教育の中で体験させておくべきなのかというのは、これからの時代を考えると真面目に考えなきゃいけないことの一つかなあと思います。会ったことのない人と仲良くするとか。今まではどちらかというと、「そういう人には付いていかない」とか、そういう指導をされていましたが、会ったときにこういう喜びがあるとか、そういうことも教えていかなければいけない。「これはメディアについて教えていかなければいけないことの一つかなあ」と思いながら、谷先生のお話を聞きました。

　谷先生のいろいろなお考えや取組については、僕は非常に関心をもって拝見していますが、研究チームのパワーがすごくて、どんどんどん進んでいく様子を感じます。一方で、そのときの最新のアプリなどといったタイプの情報技術に対する知識についていけない場合に、もしかしたら、オンライン授業のスキルが身に付けられないという可能性があるのではないかと考えます。誰にでも使えるオンライン授業用のアプリみたいな、教師向けのそういうものを作っていくことが必要であると同時に、教師はこれからICTリテラシーという

か、情報リテラシーというか、そういうものを今まで以上に教師が身に付けなければいけないということかなあと思いながら聞いていました。谷先生のご見解はいかがでしょうか。

谷▼ 最後の方でご紹介したPreziとか、ＯＢＳ(45)を使うのは、先生方にはハードルが高いと思います。けれども、こういうニーズがあるんだということについて、業界も分かってきたようです。何もＯＢＳを使わなくても、ほとんど同じことが簡単にできるものが開発されてきました。多分、あと数年のうちに、今私がやってるようなことは、大した苦労をしなくても、同じレイアウトができ、同じスクリーン効果ができるようなものが出るんだろうと思います。

そういうことになればいいと思いますが、ならなかったとしても、今やっている「こうやって子どもたちにニコニコしてあげようね」みたいなこと自体は無駄ではないと思います。そういったことを進めていきながら、技術の発展に対して塩梅を利かせながら、できるだけたくさんの方がやっていけるようにしていく必要があるんだろうなと思います。

(45) Open Broadcaster Softwareは、OBS Projectが開発したライブ配信する際に使用するPCのソフト。映像キャプチャーデバイスやクロマキーなどオンライン授業で活用できる機能が多い。

堀田▼　「プログラミング教育をどこまで入れるか」みたいな議論をするときに、当然プログラミング教育をいろいろな人がやってみて、普通の先生では無理なところまでやってみて、その結果、「普通の先生はここぐらいまでなんじゃないかな」というふうに考えるのです。そういう意味では、「一度行き過ぎる」ということは非常に大事なことだと思うので、それを先端研究の人たちがやってるということは非常に素晴らしいことだと思いました。

佐藤▼　堀田先生、ありがとうございました。谷先生、私もご質問してよろしいですか。

谷▼　はい。

佐藤▼　谷先生のオンラインの教育技術の場合は、元々、教室の中の教育技術があって、それからオンラインというような流れだと思います。一方、N高等学校(46)とかミネルバ大(47)みたいなところというのは、オンラインから始まっているわけじゃないですか。オンラインから始まっている学校から何か学べ

(46) 二〇一六年四月に学校法人角川ドワンゴ学園が設置したネットと通信制高校の制度を活用した私立高等学校。

(47) 二〇一四年九月に開校し、四年間で七つの国際都市を移動して実践的な授業とオンライン学習で学ぶ全寮制の四年制総合大学。

るところとか、何か参考にした部分っていうのはあるのかなというのをお聞きしたいです。

谷▼ N高の動画自体は、僕は十分に見ていないのですが、ユーチューバーの皆さんの動画はかなり参考にしました。教育系ユーチューバーの方々を拝見していると、僕みたいなアプリを使用するタイプもいるけれど、むしろホワイトボードを後ろに置いて、実際自分で書きながら展開されている方の方が多いのではないかと思うんです。あれも、とても効果があると思います。それで、その場合、YouTubeだから板書、一方通行形式でもいいのですが、子どもとのやりとりをどうするのかという問題があります。今後、ハイブリッドになったら、教室にいる子とZoomで入ってる子、両方参加させるというやりとりも必要になるわけで、YouTube等は確かに参考になりました。

佐藤▼ 谷先生、ありがとうございました。今ハイブリッドの話が出たんですが、最近見に行った学校で、三人ぐらいZoomにいて、そのほかは教室にいたところがありました。「あの三人、どうしたんですか」と聞いたら、一人はちょっと体調不良だけど授業は見れる、もう一人は元々病弱で病院にいるからＺｏｏｍで参加している、もう一人は「コロナだから学校に行かせたくない」という保護者だったということでした。そういう多様性を認められるようになってきたのがオンラインで、オンラインの技術を磨くという意味では、いろいろな子に対応できる技術を磨いているんだということを、先生のお話を聞いて改めて感じたところでした。

堀田▼　もう少しだけいいですか。今の話に関連することですが、渋谷区で、不登校だった子どもたちがオンライン授業になったら参加できるようになり、だんだん子どもたち同士仲良くなり、そのまま学校に来れるようになったケースがある。でも、始まったらやっぱり来れなくなった子どももいました。つまり、人間関係が直接的すぎたり、密すぎたりするときついと思っている、そういうメンタルをもっている子どもたちもいるのかなと思います。赤坂先生がお話しされる前にちょっと振ってみました(笑)。

佐藤▼　ありがとうございます。私も赤坂先生のお話に行く前に振りたいことが一個出てきました。新潟の中学校で、普段はあまりコミュニケーションできない不登校の子も、Googleフォーム(48)だったら反応してくれた。だから、学校が再開してもGoogleフォームだけはずっと続けているという話があったことを思い出しました。ということで、次は赤坂先生の方からよろしくお願いいたします。

(48) フォームやアンケートの作成と編集が出来て、質問の回答や結果の集計を簡単にまとめることができる。

参考図書

紹介

本書での学びを、さらにオフライン・オンラインの双方に広げていけるこの二冊

静岡県公立小学校教諭　手塚美和

文科省の資料の冒頭に「授業中における端末の利用を前提とし、教科書、ノート、文房具などを置くことも想定した机の設置」が示されていた。衝撃を受けた。机だけでなく、その配置もアメリカではとてもフレキシブルだ。日本の机配置は一世代前の感じがする。机一つとっても、児童一人一人に個別最適化された学びの実現にとって大切な要素だ。

本書では「オンラインに合ったベーシックスキル」が紹介された。オンラインで、教師の顔が見える授業を初めて受けたのは「第6回全国連合子ども観光大使大会」での谷氏の授業だった。子どもたちの声に合わせて授業者が笑顔で応える。双方向性が高く、子どもたちは熱中した。これは「カメラを見る目線」「教材を見る目線」といったスキルである。他に「作業・確認」なども重要だ。いくら教師の顔が見えていても、「作業・確認」がなければ授業にならない。本書で紹介されているこうしたことを、リアルな教室でも、そしてオンラインにおいても、さらに深く勉強できる二冊を紹介したい。

■書籍の紹介①

『アフターデジタル』藤井保文・尾原和啓著（日経BPコンサルティング）

『アフターデジタル』とは、オフラインがオンラインの世界に包含され、リアルとデジタルの垣根が事実上なくなってしまう世界である。ＯＭＯ（Online Merges with Offline）とも表現されている。今回の鼎談を理解するための必読の一冊だ。カメラが教室をモニタリングして生徒の表情を解析するＡＩの話なども登場する。授業スキルを評価できるＡＩの誕生も間近かもしれない。

■書籍の紹介②

『教育トークライン』（月刊誌・教育技術研究所）

「すべての子どもの学力を保障する」ことを目指して、教育技術や教育情報を共有するための雑誌である。編集長の谷和樹氏が「ベーシックスキル」の解説の連載をしている。「授業での対応・応答」は、シリーズが三三を超える量で執筆されている。スキルの一つ一つをディープに学ぶことができる。

他にも、オンラインでの授業例、新教科書を活用した授業例、学級経営や成績処理など、具体的ですぐに役立つ情報が満載である。

第2章 withコロナでも人とつながっていくために

レジリエンスを高めるために

赤坂▼ 谷先生がオンラインの世界にぐっと引き寄せてくださったんですが、私がまたぐっとアナログの世界に戻します(笑)。

第1部の話の続きになります。子どものストレスという話から入っていきたいと思います。子どもたちがストレスフルな状況の中で、withコロナの時代の学校が、一体何を大事に考えなきゃいけないのかというところについて、私の考えを述べていきたいと思います。

今、このストレス下に置かれた子どもたちに必要な能力として注目されているキーワードの一つに「レジリエンス」(49)が挙げられると思います。これは元々物理学用語で、「心の回復力」などといわれていますが、「へこんだ心を

(49) 困難で脅威を与える状況にもかかわらず、うまく適応する過程や能力、および適応の結果のことで、精神的回復力とも訳される言葉。

元に戻す」といった力ですね。レジリエンスの専門家によれば、レジリエンスを高めることに影響している能力として、自分の思考や感情を客観的に見つめ、気づく能力、自分の感情をコントロールする能力、また、楽観的な考え方や自分の強みを自覚し能力を発揮する能力、そして、他者と強い信頼関係を築き維持する能力などが挙げられています。

いろいろなレジリエンス研究をまとめてみると、一貫して示されている事実があります。それは何かというと、「強いストレスによって傷ついた心が回復する条件というのは、結局『信頼できる他者』が存在するかどうかである」ということです。

ですから、先ほど堀田先生がおっしゃった渋谷区の話のように、ゆるい関係でいくならばつながっていけるけれど、いきなり強い関係や濃い関係に入ると、ちょっとびっくりしてしまって拒否反応を起こしてしまうというような子供も実際います。学校というのは非常にストレスフルな場所だということなんですよね。もちろん、学校が楽しくて、学校に行くことがうれしくて仕方ないという子供がいる一方で、今の時代、学校に行くことが苦しい、学校に対して非常に心理的な距離感があるという子供も一定数いる。そのことは、これからしっかりと考えていかなければいけない問題だと思います。

そういうときに、われわれが信頼できる他者になれるかどうか。つまり、教師として信頼できる他者になれるかどうか。そして、子どもたち同士が信頼できる他者になり合えるかどうかというところが、これからのストレスフルな学校の中で重要な要件になってくるだろうということです。

これまでの「信頼される教師」に関する研究では、発達段階別に絡めていくつかのことが分かっています。まず、ポジティブであるとか、安定的であるとか。私は堀田先生を思い浮かべました。もちろん、谷先生とか佐藤先生とかもそうなんで

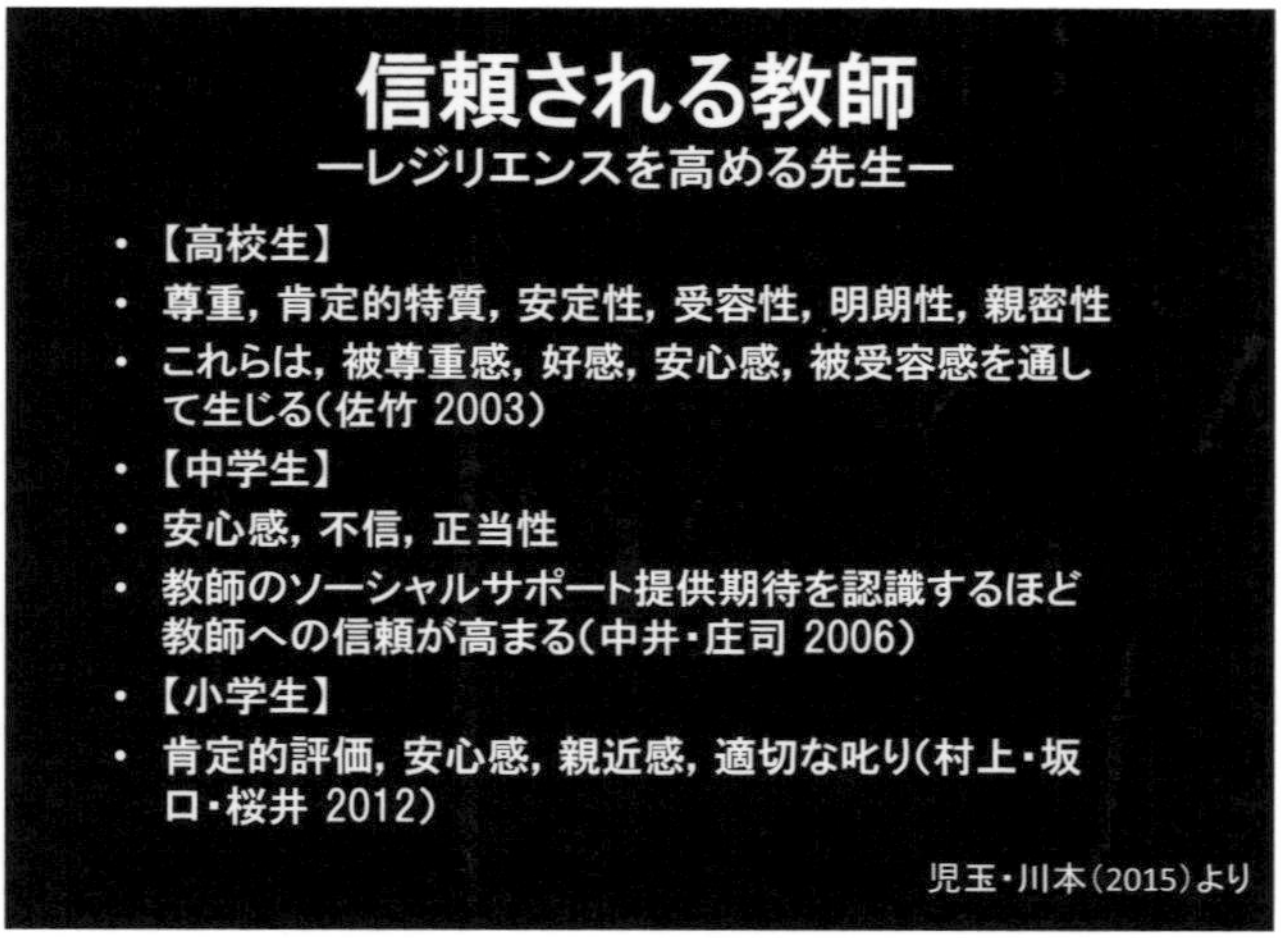
信頼される教師
—レジリエンスを高める先生—
・【高校生】
・尊重，肯定的特質，安定性，受容性，明朗性，親密性
・これらは，被尊重感，好感，安心感，被受容感を通して生じる（佐竹 2003）
・【中学生】
・安心感，不信，正当性
・教師のソーシャルサポート提供期待を認識するほど教師への信頼が高まる（中井・庄司 2006）
・【小学生】
・肯定的評価，安心感，親近感，適切な叱り（村上・坂口・桜井 2012）
児玉・川本（2015）より

図2-2-1

すが、皆、明るいじゃないですか。そばにいると安心感があって、少し話しただけで好きになってしまう。やはり、そういった感覚をもたせる人たちが信頼されるということは、研究でも言われてきているわけです。それは高校生であっても、中学生や小学生であっても、変わらないんですね。

特に中学生は、ソーシャルサポート(50)を与えてくれるという期待ができる人を信頼するようです。小学生の場合は、「適切な叱り」ということに注目してください。褒めても叱ってもどっちでもいいけれど、やはり子どもというのは、とにかく寄り添ってほしいのです。そのような希望というのは、外国の文献からも拾ってこれるわけです。ですから、「信頼される教師」というのは、同時に「レジリエンスを高める先生」だといえるのではないでしょうか。

では、「ソーシャルサポート」とは何なのかというと、悩みを聞いてくれたり、アドバイスをくれたり、気分転換に誘ってくれたり、周りの人が有形無形の援助をしてくれるということです。中学生など思春期の子どもたちは、先生たちにそういうことを期待しているのです。結局、学校というのは悩みが多くてストレスフルな場所であって、そのときに助けを求められるかどうか。そういった支援をしてくれるかどうか。悩みが相談できるか。愚痴が言える

(50) 社会的関係の中でやりとりされる支援のことで、健康行動の維持やストレッサーの影響を緩和する働きがある。

か。そういったことを、中学生たちは期待しているということですよね。

自分は、関心をもたれ愛されている、あるいは、尊重され価値あるものと見なされている、また学級などの所属集団のような役割や責任を分担しているネットワークの一員であると自覚させてくれる情報を与えることがソーシャルサポートの姿です。子どもたちは恐らく、自分の所属集団にそうした情報提供を期待しているということでしょう。私たちの身に置き換えてみたら分かりやすいかもしれません。私たちも何らかのコミュニティにいれば、関心をもたれることや自分がそこにいる意味を価値付けてくれる情報を知らず知らずに求めているのではないでしょうか。こうした情報や支援の提供をしてくれることが期待できる教師に信頼感を抱き、これらを保証してくれる集団に対して帰属意識や所属感をもつことでしょう。

先生を信頼すると、その先生が好きになり、安心感をもちます。そして、同時に素直さが出てきます。更に、幸福感も高まるのです。結局、「発達段階を問わず、子どもたちは、相手を思いやり理解しようとする優しい先生に対して好意や安心感を抱くのだ」ということを指摘する研究もあります（児玉真樹子・川本竜太郎「教師の行動と児童の教師に対する信頼感との関係：発達

段階に着目して」広島大学大学院教育学研究科学習開発学講座『学習開発学研究』第8号,2015,pp.81-88)。

先ほどの谷先生のお話に「熱中軸」という言葉が出てきましたが、意欲を引き出すことに成功するのはどういう先生かというと、実は研究である程度分かっています。結局、教師自身の人柄と教室での日常行動が、最も強力な動機づけツールだということなんですね。

明朗であるとか、冗談を言うとか、そういったようなことに加えて、「周囲との交流に優れた人として子どもたちの手本になる」ということです。子どもの名前をすぐ覚える。挨拶の声が温かい。表情が温かい。仕草に親しみがあるなどですね。谷先生のお話をお聞きしてすごく共感したんですが、私はやはり教育技術がとても大事だと思うのです。教育技術を身に付けると、自信をもつことができるので、やはり余裕をもって楽しく授業ができますよね。その楽しさも、子どもたちを動機づけていくということだと思うのです。子どもたちに好意と関心が伝わるように授業をすること。こういったような教師の振る舞いが、実は子どもたちを動機づけていく。このようなことが、海外の研究では指摘されています。

先生にしてもらいたいこと

赤坂▼　第1部の冒頭でご紹介した子どもたちへのインタビューの中で、先生に期待すること・先生にしてもらいたいことについて、こんなことを言っておりました。「先生が笑いを取ってくれたらいいなと思う」「自粛していてくれて、ありがとうって言ってほしい」。つまり、大人たちはコロナの自粛期間(51)でもあっちこっちに出歩いていたのに、子どもは皆、我慢していたんだと。「だから、学校に行って先生に会ったときに、『ありがとう。自粛して頑張ったね』って言ってほしい」。そういうことを言っていました。そして、「あの先生は面白い冗談を言って、いつも笑いを取ってくれたんだけど、いつもどおり笑いを取りながらしゃべってくれたらうれしい」などと言っていました。

そのように、子どもたちは「何かできるようにしてほしい」という願いとともに、「自分たちに向き合ってほしい」「寄り添ってほしい」という願いももっているのだと思います。

また、こんな意見もありました。「先生には何を言われてもやる気は出る

(51) 新型コロナウイルス感染症（COVID-19）の感染拡大防止のため、政府が国民に対して不要不急の外出を自粛するように求めた期間のこと。

かな」「担任の先生が昔野球やってた先生で、コロナが終わったらキャッチボールとかしてくれるって言ってたから、キャッチボールとかしたいな」って。何だかんだ言いながら、先生たちにこういった触れ合いを求めている子どもたちも、相当数いるということを知っておいていいのではないかと思います。ここら辺のメッセージを、私たちは見逃してはならない。むしろコロナの時代だからこそ、こういったメッセージをすごく大事にしていきたいのです。

ソーシャルディスタンスを取らなければいけない。コロナでいろいろ配慮しなければいけない。そのような状況下でも、いろいろな工夫をして子どもたち

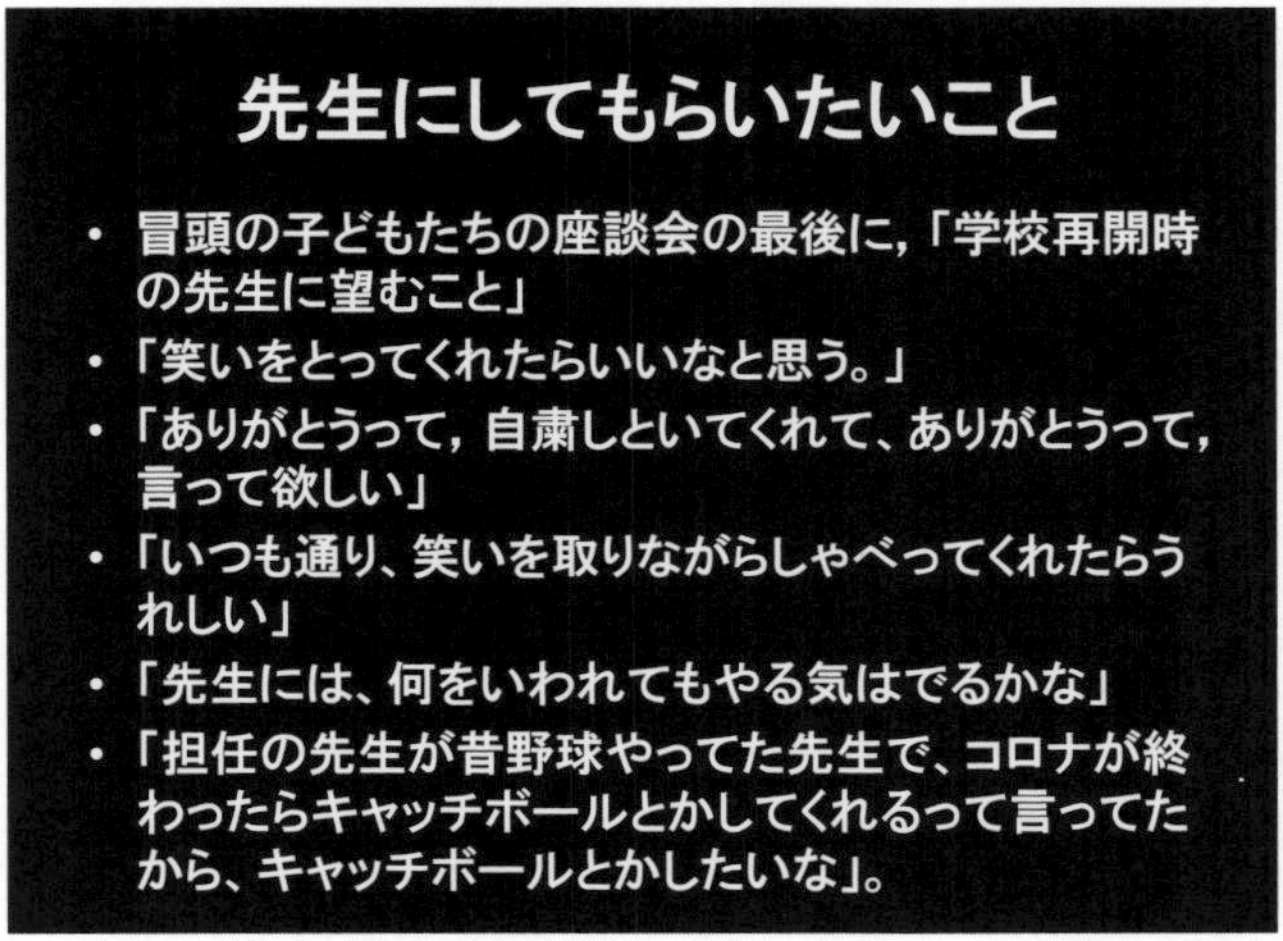
先生にしてもらいたいこと
• 冒頭の子どもたちの座談会の最後に,「学校再開時の先生に望むこと」
• 「笑いをとってくれたらいいなと思う。」
• 「ありがとうって，自粛しといてくれて、ありがとうって，言って欲しい」
• 「いつも通り、笑いを取りながらしゃべってくれたらうれしい」
• 「先生には、何をいわれてもやる気はでるかな」
• 「担任の先生が昔野球やってた先生で、コロナが終わったらキャッチボールとかしてくれるって言ってたから、キャッチボールとかしたいな」。
図2-2-2

とのつながりをつくり、互いを信頼し合える関係にしていく。そういうことを心がけている先生たちは、いるわけです。例えばある先生は、椅子と椅子をソーシャルディスタンスがとれる長さの紐でつないで、互いの距離を意識させて話し合いを行っています。こういう工夫をしてまでも、お互いに意見を交わせる話し合いをやって、つながろうとしているのです。

またある先生は、Ａ４用紙二枚をつなげた薄手のホワイトボードみたいなものを作ってラミネートしました。広げるとＡ３サイズになるから、結構大きなカードになるのです。そこに自分たちの意見を書き、互いに見せ合います。直接話し合うと飛沫が飛んだりして危険なので、このような工夫をしているのです。お互いの考えをボードに書いて、それを机上に置き、立ち歩きながら見合う。こういった形で交流を実践している先生もいらっしゃいました。

また、ある中学校では、授業中に対面でコミュニケーションを取ることが難しいので、隣の人や頑張った人に対して、付箋にメッセージを書いて机に貼って帰るということをしていました。規制のゆるやかな自治体では、こうやって話し合い活動などを実際にやっている小学校、中学校もないわけではないのです。

友人関係と動機づけ、モチベーションに関する研究を見ていくと、実は友人関係ができていく重要なポイントは、関わることや交流することよりも、仲間への関心の方がもっと大事なのだということが指摘されています。つまり、仲間に関心をもつということが、実は対人関係をつくっていく上で重要な要件なのです。ですから、今、コロナで関われないなら関われないなりに、仲間に関心をもつという意図的な働きかけをやっているというのが、これらの実践の意味だろうと思います。

ステーション授業構想

赤坂▼ 図2-2-3(次ページ)をご覧ください。学習指導要領の中における横断的能力[52]です。カリキュラム全体を通して身に付けていこうというのが言語能力、情報活用能力、問題発見解決能力というところだと思います。「問題に気付かないということが問題だ」という指摘ですね。こういった能力を教科横断的に身に付けようとしても、小学校においても教科の壁があって、なかなか横断的指導ができないというところがあります。そこで、教科の壁を崩すためにどうすればいいかというようなことを、今、われわれのチーム

(52) あらゆる教科等に共通した学習の基盤となる資質・能力や、教科等の学習を通じて身に付けた力を統合的に活用して現代的な諸課題に対応していくための資質・能力。

で取り組んでおります。

他者とつながっている感覚を共同体感覚(53)と呼んでいますけれど、具体的なターゲットというのは、共同体感覚や学級適応感(54)を高めることです。そのために、クラス会議、ソーシャルスキルトレーニング（SST）、それから協同

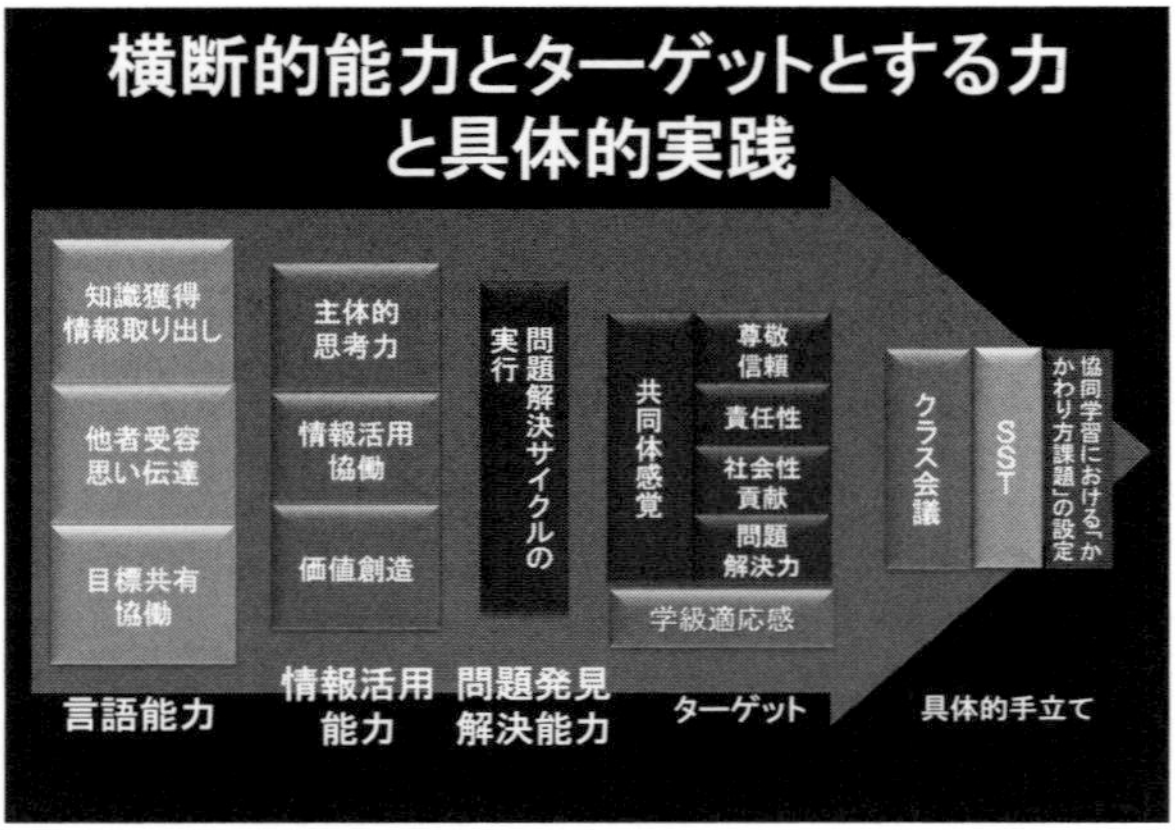

図2-2-3

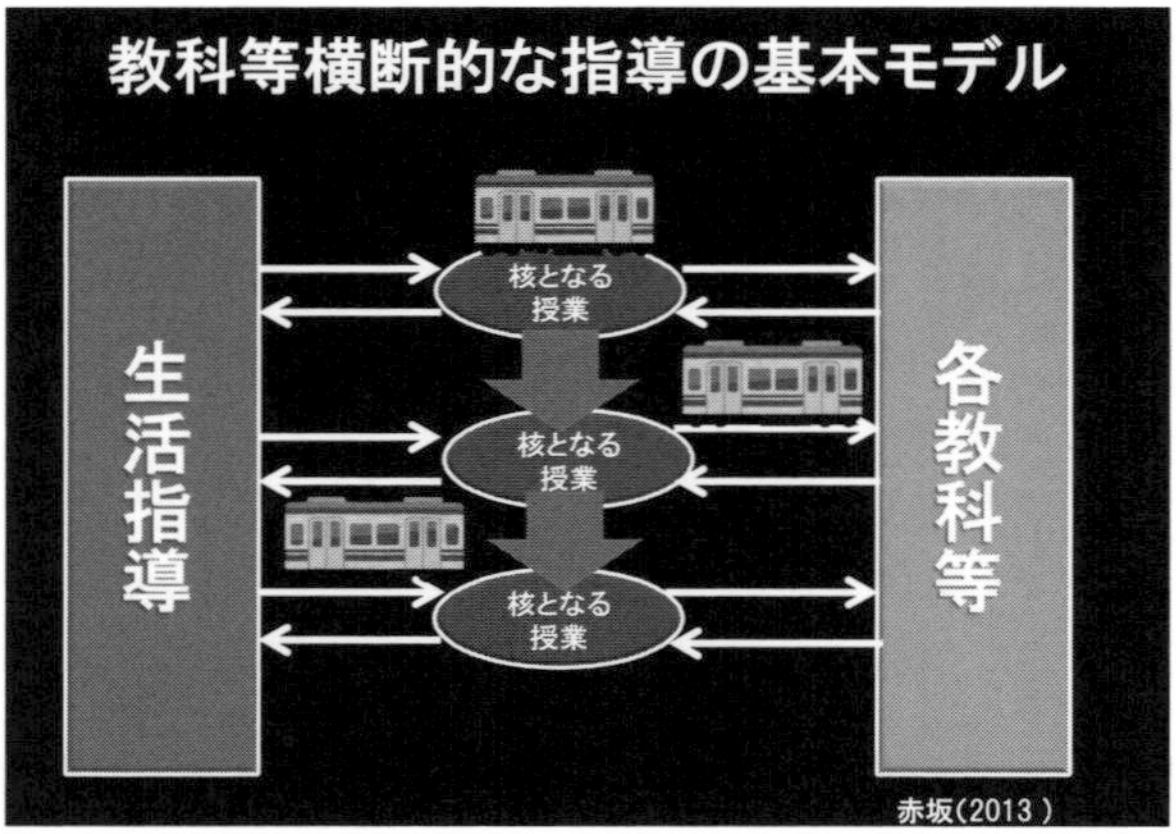

図2-2-4

(53) Adlerの個人心理学における中心的理論概念。

(54) 学校や学級における子どもたちと周囲の環境が適切な関係で維持され、子どもが主観的に感じる満足感。

学習のようなものを連動させてやっていきます。それを「ステーション授業構想」と言っています。つまり、教科横断的な指導をやっていこうということなのです。皆さんが、いろいろな形でやっていらっしゃることをただ言語化しただけの話なんですが。核となる授業を決めて、子どもたちが教科横断的な力を身に付けていくために、その核となる授業を意図的に積み重ねていきながら、そこでの学びをその授業だけでやるのではなく、生活指導の中でもやるし、各教科の指導の中でもやっていこうという、そういった構想です。

具体的に書くと図2-2-5のようになります。生活の中で他者意識の育成をし、学習の中で協同学習等を展開しながら学級経営をしていくというモデルになっています。ある

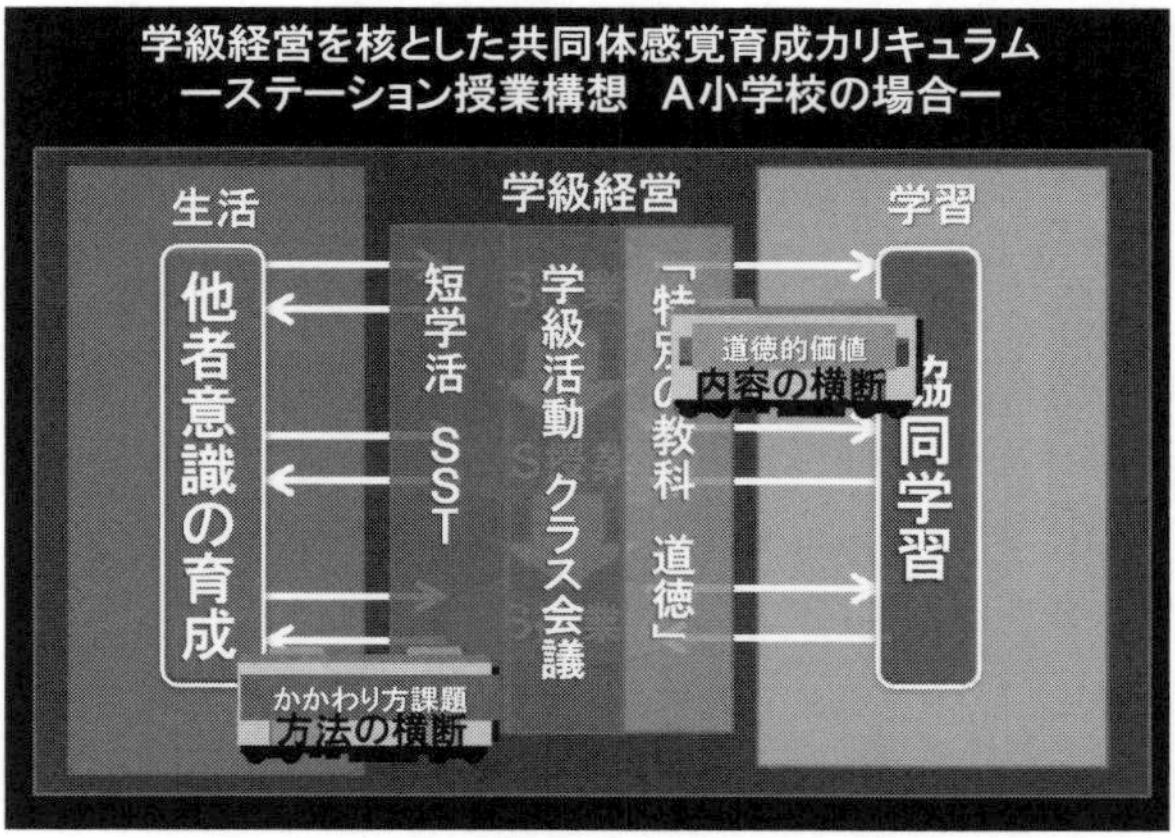

図2-2-5

学校の実践では、学級活動や「特別の教科　道徳」を核とするステーション授業として位置付けて、それを補完する手立てとしてSSTをやっていく。

力のある先生というのは、このような構想を提示しなくても、直感とかそういったものを含めながら子どもたちを育てていくということもあるんですが、全校レベルでやるということを考えると、ある程度共通実践をつくっていかなくてはいけない。これが戦略的に重要なんですね。何なら一緒にやれるのかと考えたときに、その学校は学活と「特別の教科　道徳」と短学活におけるSSTだったということです。そういったことをやりながら、子どもたちの教科横断的な能力――「関わる力」というものを、重要な一つの能力として意図的に身に付けさせていこうとしているわけです。

道徳的価値や関わり方スキルが、電車のように「生活」と「学習」の間を行ったり来たりするという、そのイメージで「ステーション授業」と呼んでいます。

ステーション授業の実践校は、ソーシャルディスタンスが求められる前までは、通常通りに学級活動の話し合い活動やSSTを核にしながら、教科指導では協同学習を展開してきました。withコロナでは、どのように対応したかというと、マスク、換気などの密にならない配慮をしながら、SSTの活動で接触の少ないものを選んだり、距離を取るなどの工夫をしたりして話し合いや協同学習をしています。

ある実践校では、複数のクラスで教室からの飛び出しや立ち歩きが見られ、落ち着かない状況が見られました。けれども、ここ二～三か月でみるみる落ち着いてきました。

また、同様の実践に取り組む別の学校も、かつては荒れが見られましたが、近年、子どもたちが良好に関われるようになり、落ち着いてきました。今では、オンラインで他県の学校とつながり、実践交流をするなどのこともできるようになっています。

つまり、オンライン学習をするにしても何をするにしても、やはりベースとなるものがしっかりしていないと、なかなか成り立たないということがあろうかと思います。学級経営の一つの役割は、そういったところをつくっていくことなのだと思います。

さて、今ご紹介したのは公立学校の取組ですが、私がもう一つ注目してるのは、オルタナティブスクール(55)です。愛知県にあるオルタナティブスクール

(55) 学校教育法の範疇から外れて、市民が独自に多様な子ども・若者の学習権を保障しようとする運動。

は、今、非常に生徒さんが集まっている状況です。学校に行けない子どもたちが学びを止めないためにどういった設備・施設が必要なのかということを考えたときに、これからオルタナティブスクールみたいなものは一つの有力な選択肢になっていくだろうと思います。

このスクールでは、朝はスクールミーティング（クラス会議）から始まり、そこで子どもたちは一日の過ごし方を決めます。昼食もミーティングで決め、自分たちで食材を買ってきてご飯を作って食べるというのが彼らの給食です。その活動が既に、コミュニケーション能力を育てたり、問題解決能力を育てたりしているわけなんです。

このスクールでは、「ランドセルを買うお金でタブレットを買ってください」というのが入学の条件です。そのため、全員がタブレットを持っていますから、自粛期間中も全員が普通にオンライン授業を受けていました。学校にはランドセルではなく、手提げの中にタブレットを入れてきます。そして、自分たちで決めたテーマの探究学習に取り組むのです。ときには公園に行って遊んだり、農園をしたり、リアルでしか学べないこともやりながら、オンライン環境でＩＣＴのスキルも高めていく。

このスクールの責任者のビジョンははっきりしています。「個人事業主を育てる」というのがこの方のミッションなんですね。親からの評判もなかなかです。「あんなに学校を嫌がっていた子どもたちが喜んで通ってる」と喜んでいたり、「今まで私が子どもを追い詰めていたんですね」と言っていたりします。親御さんの認識も変わってきたということです。

ですから、今後の流れとして、純粋に公立学校のクオリティを高めていくということも、もちろん大事ですが、こういった施設と情報交換を通して学び合いながら、公立学校のクオリティを高めていくということも大事だと思います。

人と信頼関係をつくっていく能力

赤坂▼ 実は日本人はオンラインで知り合う人の信頼度があまり高くはありません。図2-2-6のデータを見ると、日本人はこういったSNSで知り合う人とか、インターネット等で知り合う人をあまり信じないという結果です。では、どうしてこうなの？ というと、実はオフラインでもあまり信じないという傾向があるということなんです。

しかし、今回の学習指導要領の中に、「協働・対話」(56)ということが書いてあります。

何で協働と対話が必要なのかというと、それはやはり、ボーダーを超えて、人とつながりながら新しいものを生み出していくということが、これからの

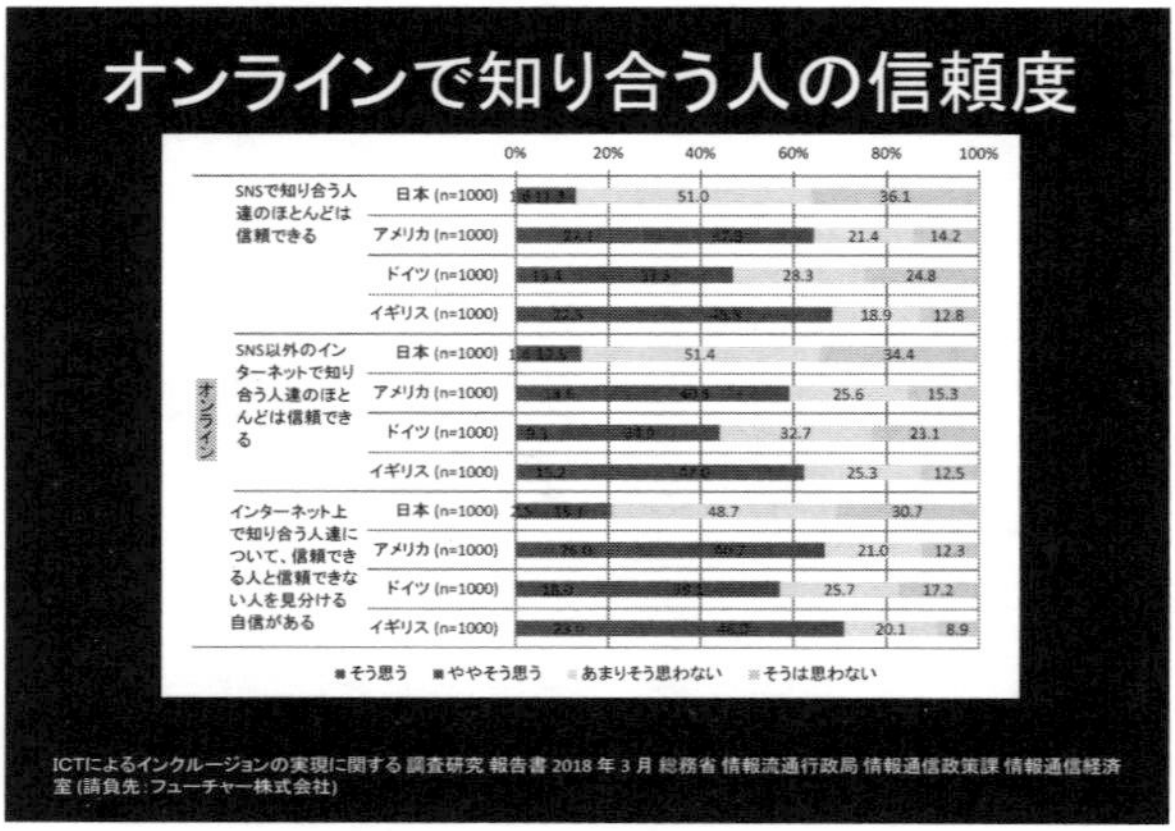

図2-2-6

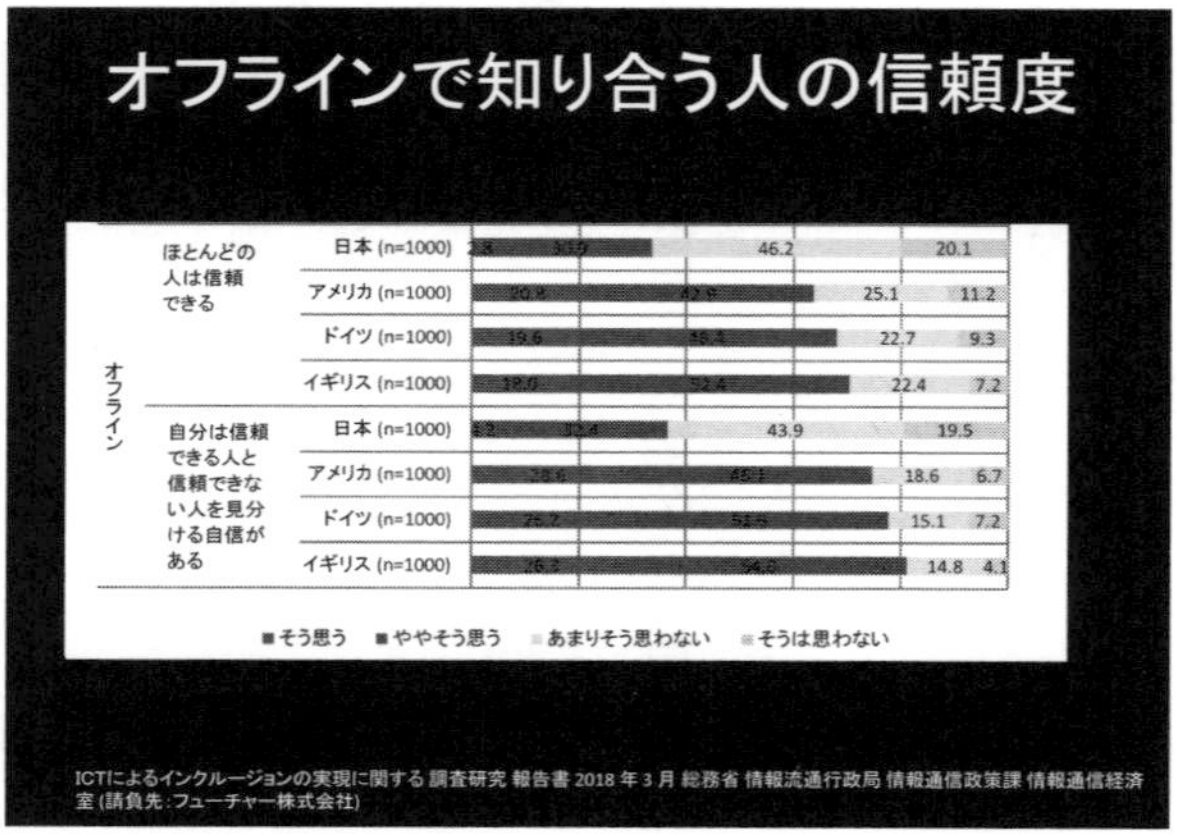

図2-2-7

(56) 平成29年度告示の学習指導要領で求められている、「主体的・対話的で深い学び」や「他者と協働して課題を解決しようとする学習」のこと。

世の中のあり方ではないでしょうか。その世の中をつくっていく若者たちには、人と信頼関係をつくっていく能力がとても重要になってくることでしょう。

先ほど谷先生もおっしゃっていましたが、私も対面授業とハイブリッド授業、そしてオンライン授業、こういったものが場面場面によって、状況に応じて、どんどん展開されていく時代になっていくと思います。そうしていかなければいけないと私も思っています。

そのときに、まず、物的環境の整備。物を揃えたら、今度は人です。人的環境の整備をしていく必要がある。その中で、そこにいる人たちがもっていなければいけない能力として、「人を信頼する力」「信頼関係を構築していく力」というものを、やはり育てていかなければいけない。

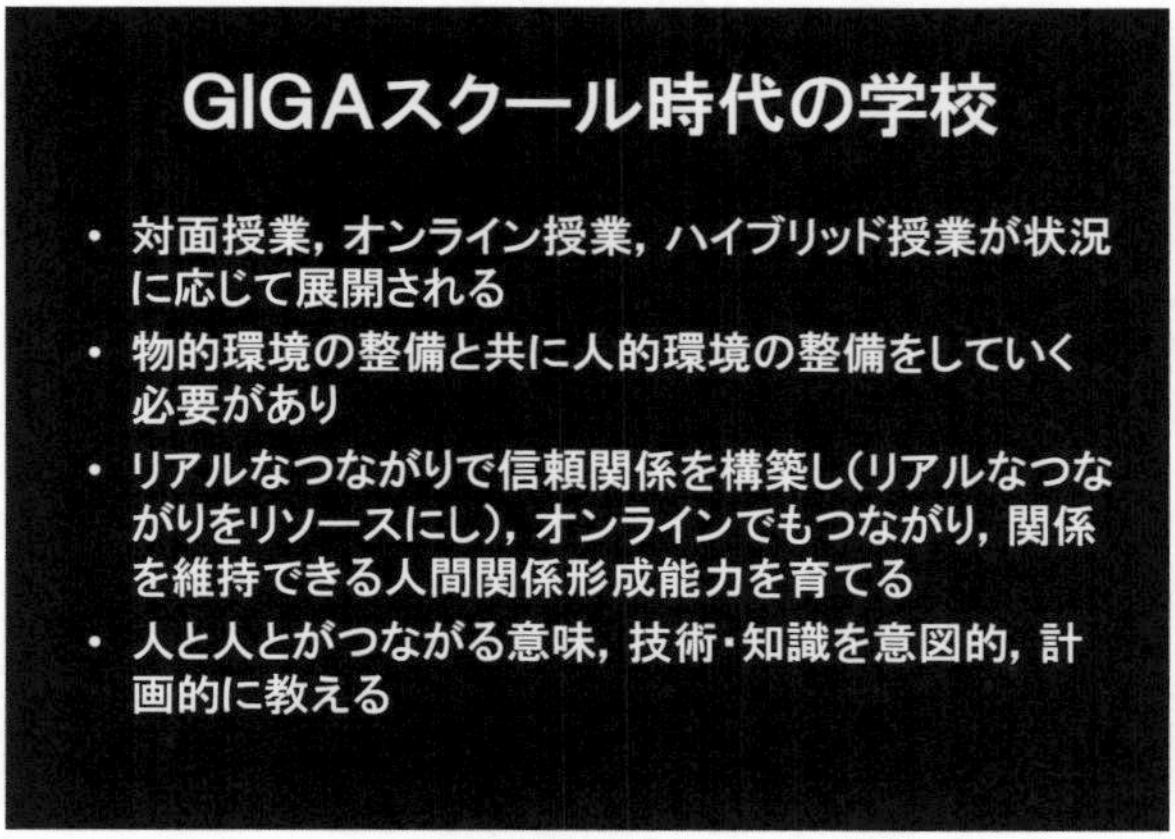
GIGAスクール時代の学校
・対面授業，オンライン授業，ハイブリッド授業が状況に応じて展開される
・物的環境の整備と共に人的環境の整備をしていく必要があり
・リアルなつながりで信頼関係を構築し（リアルなつながりをリソースにし），オンラインでもつながり，関係を維持できる人間関係形成能力を育てる
・人と人とがつながる意味，技術・知識を意図的，計画的に教える
図2-2-8

それは、オンラインだけではなかなか難しい状況がある。学校ではリアルなつながりで信頼関係を構築し、もちろんそれだけではなく、リアルなつながりをリソースにしてオンラインでもつながって、環境を維持できる人間関係形成能力を育てていくということが重要だと、そういうふうに考えます。

そして、人と人とがつながる意味というのを、もっと日本の学校は真剣に教えなければいけないのではないかと私は思います。どちらかというと、今の学校は教科指導が中心になっていて、教科指導のついでに人間関係をつくっています。そうではなく、もっとカリキュラムの中で、人と人とがつながる意味、そしてその技術・知識を意図的、計画的に教えていくようなことが必要なのではないかと考えております。

佐藤▼ ありがとうございます。谷先生から質問をお願いします。

谷▼ 全く反対するところがない。おっしゃるとおりだなと思います。いろいろな方面からお話を展開してくださって、非常に学びが多かったです。メモを取りながら聞かせていただきました。やる気を引き出す先生のタイプのくだりも、非常に面白いと思って見せていただきました。話し合っている場面、学び合うという子どもたちの姿、それから教師もクロスボーダーで学び合っていくという、最後の方に出てきた辺りも含めて、本当に大切な視点だなと思いました。

少しずれるかもしれませんが、今、学校が普通に戻ってしまっていますよね。コロナは続いているんだけど、マスクをしている以外は普通に一斉授業をしています。

例えば、ある学校では、三三人の子どもがいて、三人組が一一個あって、クラスの中で机を三角にして三人組で話し合いをしてたんです。「これ、どうして三人組なんですか」と聞いたら、「三人組のほうが密を避けられるから」と。飛沫感染が避けられるからというので三人組にしたそうです。二人組だ

と対面になってしまうし、四人組でも対面になってしまうからということで、斜めになる三人組にした。けれども、近い距離で普通に話していれば同じなのではないかと僕は思うんです。

赤坂先生がご紹介していた中には、声を出していなくて、メッセージボードを使用したり付箋を貼ったりするという工夫だったり、ロープを張ってソーシャルディスタンスを取るという工夫だったり、様々な取組が紹介されていましたけれども、ああいう工夫って本当に必要なのかなと思うんです。むしろマスクをするなり、フェイスガードをするなり、必要だと思えることを十分にして普通に話し合ったほうがいいのではないのかなと思っているのですが、その辺りについて現場の感じはどうなんですか？　赤坂先生。

赤坂▼　いや、谷先生、本当におっしゃるとおりで、あれはやはり説明責任を果たすためのものです。

谷▼　ですよね。

赤坂▼ はい。後の方でご紹介した、マスクをしながらＳＳＴなどの活動を行っている学校は、教育委員会も学校長ももちろん公認なのです。むしろ、それをやってくれということで依頼を受けています。コロナについての科学的なことや医学的なところというのは、厳密にはよく分かりませんが、それでも子どもたちが実際に話し合いなどの交流をしないことによるデメリットの方が大きいのではないかと私は考えます。

谷▼ ですよね。コロナのリスクということを、僕たちもしっかりと勉強しなければいけないとは思いますが、その上で、やはり子どもたちの〝自然な在り方〟のようなことをどのくらい確保するのかなあと思いながら拝見しました。とても勉強になりました。

佐藤▼ 谷先生、ありがとうございました。堀田先生、ご質問をお願いします。

堀田▼ 赤坂先生が主張する人間関係形成能力などは、今流行りの言葉でいえば「非認知能力」[57]に当たるのかと思うのですが、その辺りの見解を知りた

(57) 国語・算数・理科・社会といった認知能力(いわゆる学力)ではなく、「意欲・自制心・やり抜く力・社会性」等の認知能力以外のもの。

いと思います。認知能力と非認知能力があって、認知能力というのは、今まで学校でも授業などで取り上げられてきたけれど、非認知能力が大事なのではないかという話があります。一方で、なぜ大事かといったときに、結局、人は他者と関わり他者から情報をもらって自分の情報を更新するわけだから、関わる力がないとそれは学びにつながらない。それが「主体的・対話的で深い学び」という話につながっていくわけです。

実際、学習指導要領においては、「学びに向かう力」とか「人間性」とかいうものをかなり高次なところに置いているわけです。そのように考えると、もう今はコンテンツの知識や技能のみならず、「学ぶというスキル」あるいは「学ぶということの意味」の理解をきちんと教えていく時代なんだと思いました。「非認知能力」とか「学びに向かう力」とか、

そういう言葉を使って、もう一回説明してもらうと分かりやすいかなと思いますが、どうでしょうか。

赤坂▼ 先ほど「共同体感覚」のところで説明させていただいたことは、非認知能力の研究自体を日本でそれほどしっかりと紹介しているわけではないので、まだこれからというところがあります。しかし、自分の知り得る限りでは、共同体感覚と重なるところが大分あって、現場の先生方に説明する場合に非認知能力として説明するときもあります。もちろん非認知能力イコール共同体感覚と言い切るつもりは全くないのですが、かなり重なる部分があると考えています。

実際に、学んだ子どもたちの学習状況、先生方の教えやすさ、そういったものが実感としてあるので、何らかの効果はあるんだろうと思っています。

堀田▼ 「学びに向かう力」みたいなことでいうと？

赤坂▼ もちろん学習意欲もそうですけれども、メタ認知能力(58)が高まってい

(58) 自らの思考や行動を客観的にとらえて、自覚的に処理する能力。

くので、メタ認知から次の学習をどう構想していくかというのができていくと思います。この一連のステーション授業構想の中では、やはり振り返りをすごく大事にするんですよね。振り返ることによって次の学習をどうするかという戦略を練っていくことも可能なので、まさしく今、学びに向かう力、人間性のところを目指していくというところですね。

参考図書

紹介

「信頼される教師」になるために

上越教育大学准教授　岡田広示

教師が一番気を付けなければならないことは「bias（先入観・偏見）なく子どもをみる」ことです。例えば、授業中に学習内容と関係のない発言をする子どもがいると、「邪魔ばかりして集中できていない。教師の指示に従わない問題のある子」という判断をしてしまいがちです。しかし、本当は「先生に関わってほしい」「自分にも分かる内容にしてほしい」と願っての行動かもしれません。また、持久走大会や水泳大会で「○位になってすごいね」や学習テストで「一〇〇点取ってすごいね」という言葉がけも、子どもではなく行為の方に価値を見出しています。特に経験年数が長い教師は、多くの子どもと関わってきた経験から、初見の子どもにも「おそらくこんな子どもだろう」と先入観をもってしまう傾向が強くあります。まずは子どもを「その子そのもの」と捉えて見取ることが大事です。

コロナ禍で子どもたちは大きなストレスを感じています。抗う力としてレジリエンスの育成が必要です。本書の中で赤坂氏は「『信頼される教師』というのは、『同時にレジリエンスを高める先生』」だとしています。子どもは信頼する教師から安心感を得るのです。

■書籍の紹介①

『日本の学級集団と学級経営』河村茂雄著（図書文化社）

本書は、日本の学級経営の特徴と歴史、学習指導要領の変遷などが丁寧に解説されています。特に教師のリーダーシップ行動については、英米の学級集団の特徴と比較して、その在り方を説いています。二〇一〇年に出版されたとは思えないほど、現在の学校教育の課題に対してマッチしています。

■書籍の紹介②

『先生のためのアドラー心理学　勇気づけの学級づくり』赤坂真二著（ほんの森出版）

赤坂先生が小学校教諭時代にアドラー心理学と出会い、実践に生かし始めた頃の実践が、その背景となる理論とともに紹介されています。「子どもの行動の目的は何か」を分析し、「どういった言葉をその子にかけるのか」などが解説されています。普段、先生方がとっている行動に通じる事が多くあるのではないでしょうか。自身の実践を勇気づけてくれる一冊です。

第3章 デジタルトランスフォーメーションに対応する「学び」のあり方

GIGAスクール構想について

堀田▼ 今の赤坂先生の話を受けると、僕らは今まで、歴史的にも「授業というのは何か」「授業の技術とはどうあるべきか」「授業を行う学級の学級経営はどうあるべきか」という枠組みでずっと考えてきているわけです。けれども、これから生涯学び続ける時代では「学習とは何か」「学ぶとはどういうことか」「学習の技術を子どもにどう身に付けさせるか」「学習の態度をどう身に付けさせるか」みたいなことがすごく大事です。実はそういうこととGIGAスクール構想は関係があるという話をしようと思います。

GIGAスクール構想のことを今一度説明します。これは四六一〇億円もの国費を使っていて、しかも補正予算、つまり毎年毎年かける予算ではなくて特別に付いた予算を使っています。当初は令和五年まで時間をかける予定でしたが、コロナがあったこともあって、結果としては今年度中にすべての義務教育段階の児童生徒に一人一台の端末を与えるということになりました。

これはつまりですね、一人一人が学ぶときに「先生から教室で教わって学ぶ」という学び方に限らない学びを提供しようとした場合、自分のツールになるコンピュータがないと無理でしょうという、そういう見解だということです。

私たちは今、Ｚｏｏｍでディスカッションしているけれど、これもコンピュータ経由、ネットワーク経由でやっていますよね。写真を撮って共有していま

図2-3-1

すけれど、それはクラウドでやっていますよね。こういうのは当たり前のインフラであって、「このインフラをどのように使って学ぶのか」ということを、学び方としてきちんと教える必要がある。そしてさらに、ネットワークを経由した場合に人間関係をどうするかとか、礼儀をどうするかとか、新しく考えなければならないことが発生します。社会が情報化しているというのはそういうことだから、そういう意味で、今までの授業や学習をかなり拡張して考えるときの道具立てとして、端末が入っているということです。

もう今年度中に、ほとんどすべての自治体で端末が行き渡るので、今年度末から来年度はじ

図2-3-2

めにかけてかなりの混乱が予想されます。

僕は早くから「準備できることはどんどん準備しといた方がいいんじゃないか。例えば子どものキーボード入力がおぼつかないのであれば、今のうちからパソコン室に交代で行って練習するなどのことをやっておいた方がいいんじゃないか」と言ってきました。先生たちがクラウドの経験がないのであれば、G Suite(59)などを使って共同で何か仕事をするという経験を意図してしておくことが必要なわけで、それがOJTとしての校内研修ではないかと思います。

図2-3-3はここ一～二年の間に起こった、教育の情報化に関する施策だけを取り出した

この1-2年の急速な教育の情報化の施策

1. 2018年11月22日「新時代の学びを支える先端技術のフル活用に向けて」
   - 遠隔教育の推進，先端技術の導入
2. 2019年4月1日「学校教育法等の一部を改正する法律」の施行
   - デジタル教科書を正式な教科書として位置付ける
3. 2019年6月25日「新時代の学びを支える先端技術活用推進方策（最終まとめ）」
   - スタディログによる個別最適化，教育ビッグデータの活用，クラウド・SINET接続
4. 2019年6月28日「学校教育の情報化の推進に関する法律」公布，施行
   - 国の責務と地方公共団体・学校の設置者の責務
5. 2019年12月3日「PISA2018」の結果公表
   - 読解力の低下，CBTへの不慣れ，学校内外でのICT活用経験の不足
6. 2019年12月19日「児童生徒1人1台コンピュータ」の実現を見据えた施策パッケージ
   - GIGAスクール構想（補正予算2,318億円），教育情報セキュリティポリシーの見直し，「教育の情報化に関する手引」
7. 2020年4月7日GIGAスクール構想の加速による学びの保障（補正予算2,292億円）
   - GIGAスクール構想の前倒し
8. 2020年7月7日「デジタル教科書の今後の在り方等に関する検討会議」
   - 紙＞デジタル教科書の見直し，データ連携への積極的な対応
9. 2020年7月7日「教育データの利活用に関する有識者会議」
   - 教育データはどう利用するか，データ形式等の標準化

Tatsuya HORITA @ 東北大学 TOHOKU UNIVERSITY All Rights Reserved. (25)

図2-3-3

（59）GoogleのChrome OSを搭載されている共有に適したウェブベースの学習者用ツールのこと。

ものです。点線より下がコロナ禍です。だから、実はコロナ禍より前にいろいろな動きが既にあったということですね。書ききれないこともいろいろありますので、少し言葉で足しますけれど、まず二〇一八年一一月には、もう「先端技術を使うぞ。例えば遠隔授業もやるぞ」と、そういうことが言われていたということです。これは何が背景かというと、教員を小規模の学校に適正に配置する。教員配置の法律も、もう見直さないと、人手不足なので無理だよねと。むしろ遠隔教育をうまく使えば、今でいうオンライン授業をうまく使えば、遠くの子どもたちが授業のうまい人の授業を受けることができる可能性すらあるので、そういうことをやるべきだということです。

先端技術というのも、「子どもたちのつまずいてるところ、あるいはつまずきやすいところを知っているシステムが、うまく子どもをナビゲートする」ということが学習の、特に習熟の場面で機能するということは、塾などでは既によく知られているし、行われていることです。だから、こういうものを学校に取り入れることで、先生たちも少し楽になるのではないかというような話です。

そのことは、もう二〇一八年の六月に出ていました。それで一一月に大臣が替わってから、「柴山プラン」(60)という言い方で世に出てきました。それから、学校教育法の改正が四月一日に施行されて、デジタル教科書も教科書として認めるということになりました。更に六月二五日の最終まとめでは、「スタディ・ログを使って個別最適化をやる」「教育ビッグデータを解析して国家レベルで子どもたちの弱点あるいは難しいところなどを判定していく」、あるいは「クラウドとかＳＩＮＥＴ（大学のネットワーク）とか、そういうところにつないでいく」ということが宣言されました。そして、その三日後、六月二八日に「学校教育の情報化の推進に関する法律」が公布され、施行されました。

これはつまり、国がどこまでやり、地方公共団体や学校の設置者――教育委員会ですね――がどこまでやるかが明確になったということです。この六月二八日には法律として施行されたわけですから、文書が出ただけの話ではなく、国会を通った法律になったということです。ということは、これはかなり強い話です。ですから、そういうことができるような環境をきちんと整えましょうということで、「ＧＩＧＡスクール構想」にいくわけです。

その途中に、第１部でお話ししたＰＩＳＡ２０１８の結果公表がありまし

(60) 遠隔教育の活用や、ビッグデータの活用、学校のＩＣＴ環境の整備等の学びの革新に向けた施策の大きな方向性を示すもの。

たが、もちろん、この一二月三日の公表を受けてGIGAスクール構想ができたわけではありません。

そして、一二月一九日にGIGAスクールを含むクラウドを使うために情報セキュリティを見直すとか、あるいは教育の情報化に関する手引とか、そういうのが一緒に出ました。

ここで補正予算が付いたので、GIGAスクール構想に向けて五年かけてやっていくという話になっていたのですが、コロナが来て、その結果、このままじゃまずいからということで、四月七日にさらなる補正予算が付き、GIGAスクール構想が前倒しで行われることになったのです。コロナ禍によって、「学校のICT化の遅れ」(61)というものが社会に可視化されることになり、結果として予算が付くことが早まりました。

可視化されたのは、学校の情報化の遅れだけではなく、もしかしたら先生たちの意識の遅れも疑われているということです。整備されていないところで意識を高めるというのもなかなか難しい話ですが、整備が十分にされるこのタイミングで、一緒に先生たちのICTのリテラシーや、ICTを授業で使っていく前向きな気持ちを、きちんと高めていってほしいと僕は思ってい

(61) 学校内でのICT環境設備には地域格差があり、教員のICT活用指導力が不足していること。

るわけです。

七月七日には、デジタル教科書の会議がありました。法改正が行われてすぐなのに、もう次の会議が動いています。紙よりもデジタル教科書の方が、今は重視される割合が少ないのだけれど、これを逆転させる可能性がある。つまり、デジタル教科書の方を教科書のデフォルト(62)として、一人一台の端末に配る。「紙は有償で購入してください」とするようなことが検討され始めました。すぐにそうなるとは思いませんが。それから、教科書のデータの連携などを考えるために、「教育データ」というのをどう利用すればいいか、どんな形式に標準化すればいいかを検討する会議も、同じ日に立ち上がって検討が始まっています。

つまりGIGAスクールというのは、今までの教室あるいはパソコン室のパソコンの整備とは全然違う文脈で議論されているということですね。つまり、端末は軽いものでいい。クラウドの中にいろいろなものがあって、そこにいつでもアクセスできる機会を子どもたちに与えることによって、学び方を変えていくのです。そのかわり、おそらく学ぶ技術も今より必要になる。子どもたちがそういうことをやるという前提で、授業づくりを変えていくと

(62)コンピュータや、コンピュータ内臓の家電製品などの動作条件のうち、利用者がその数値を自由に設定できる範囲ではあるが、一般的な数値で設定しておく出荷時の数値のこと。

いうことが求められていくのです。

ですから、これは単に「端末が増える」という単純な話ではない。教育環境のパラダイムシフト[63]のようなことが起こっているわけです。

例えばデジタル教科書[64]をデフォルトにしていくということについて、紙の方が使いやすいと思っている人が多いことは百も承知です。けれども、合理的配慮などを考えると、デジタルの方が優れていることはたくさんある。発達障害があるとか、日本語に通じない子どもとか、そういう子供が増えている現状から考えると、これは当然の流れであるわけです。

さらに、例えば教科書という

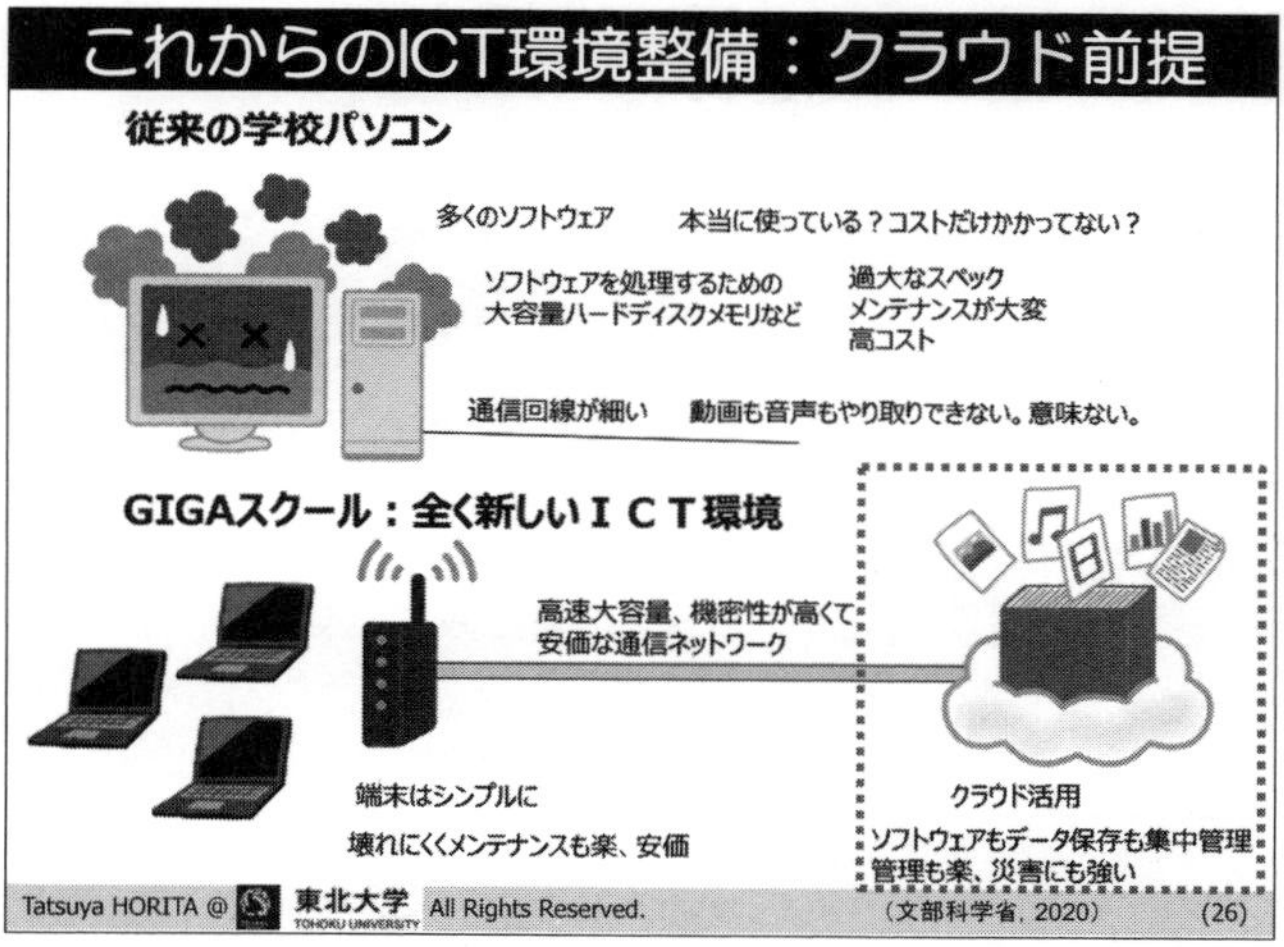

図2-3-4

(63)時代や社会において、常識的な考え方の枠組み(パラダイム)が、革命的、劇的に大きく転換(シフト)すること。

(64)紙の教科書をデジタル化したものであり、どちらも同一の学習内容である。DVDやメモリーカード等の記録媒体に記録されるデジタル教材のうち教科書の使用義務の履行を認めるもの。

のは本文があって、社会科でいえばまわりに写真や図表などがあります。デジタルにすれば、左上に地図があって沖縄がクローズアップされているとか、その横には写真があって、その写真はこういうデータであるということが全部定義できる。「メタデータ」(65)といいますが、そのメタデータを付与できる。教科書の構造とメタデータの付与によって、それと関係する資料集のページの資料集の写真を特定してリンクするといったようなことができるでしょう。

ただ、これをそれぞれの教科書会社とそれぞれの資料集の会社が一対一で全部やっていると、教科書会社は複数あるし、資料集の会社も複数あるし、そ

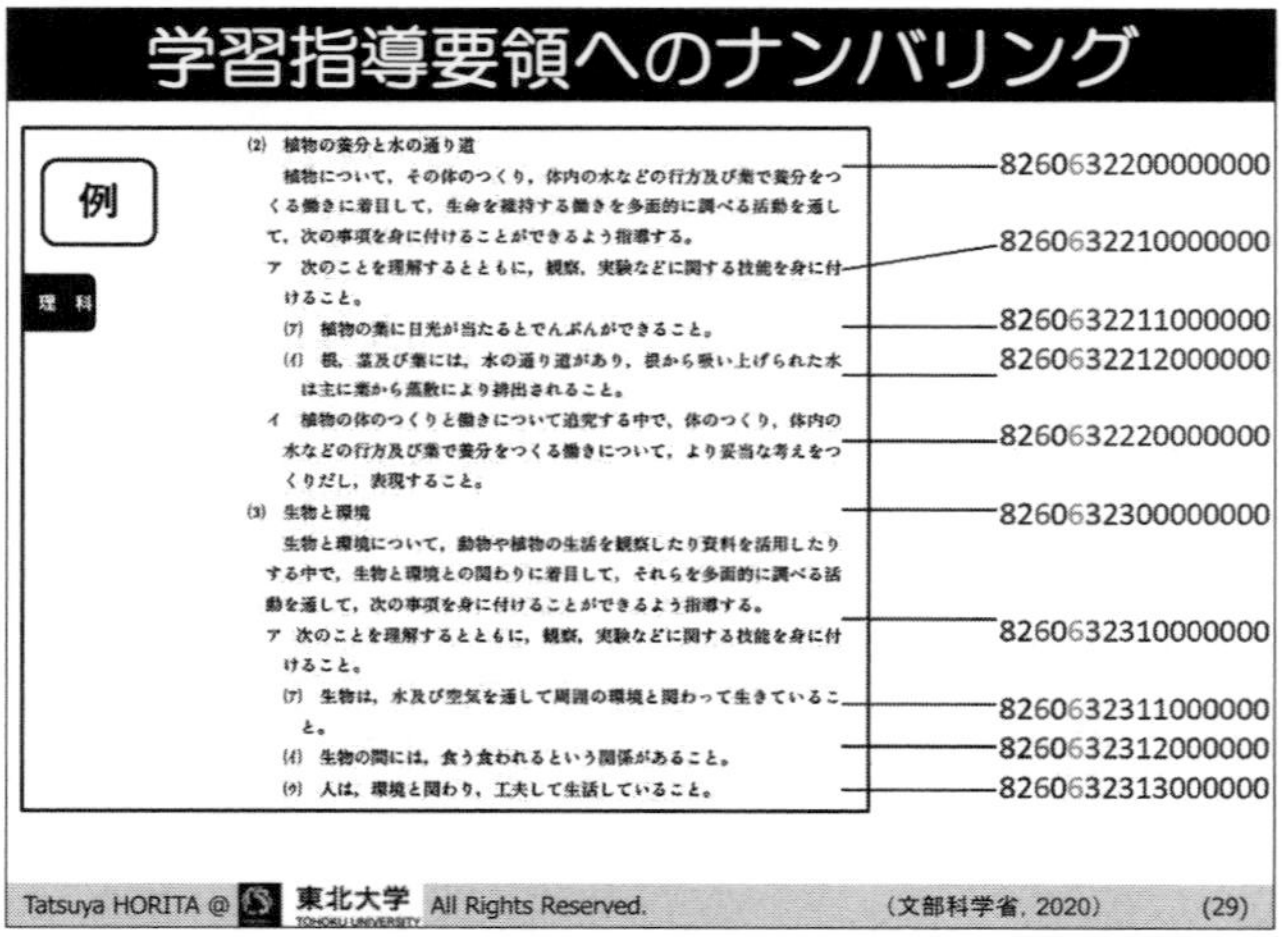

図2-3-5

(65) あるデータそのものではなく、そのデータを表す属性や関連する情報を記述したデータのこと。

もそも資料集以外にも資料はたくさんあるわけです。N対N[66]になったら、もうリンクは無限になってしまいます。なので、学習指導要領にナンバリングをして、学習指導要領を経由していろいろなリソースがつながっていくようにする。子どもたちの端末から見れば、それはつながっているように見えるという環境を、これからつくっていこうという話なのです。

こういうデータの連動も、来年からすぐにできるわけではないのですが、現在起こっている話なのです。それで、「そのための窓口を子どもたちに与えましょう」という。それがGIGAスクールの端末だということになります。

学習指導要領コード化の効果
➤ 学習指導要領をキーにして、各民間事業者のデジタル教科書・教材ツール・学習ツールや、博物館のデジタルアーカイブを関連付けすることができる。
学習指導要領（小学6年社会）
3 内容の取扱い
（2）内容の（2）については、次のものを取り扱うものとする。
ウ アの（ア）から（コ）までについては、例えば、次に掲げる人物を取り上げ、人物の働きを通して学習できるよう指導すること。～略～ 織田信長…
A社
デジタル教科書
学習指導要領コード8220 523K0000000
学習指導要領コードで自動的に連携
B社 学習ツール
（デジタル教材）
C社 学習ツール
（デジタル問題集）
博物館
デジタルアーカイブ
①デジタル教科書の該当ページを「ポチッ」
②関連する教材・問題が自動的に表示
③問題解答
④解答に関連する資料が表示される
Tatsuya HORITA @ 東北大学 TOHOKU UNIVERSITY All Rights Reserved.
（文部科学省, 2020）
(30)
図2-3-6

（66）多：多のこと。Nはnatural number（自然数）の意味であり、「多くの人」として置き換えられる。

そして、子どもたちがどこを見て何を学んだか、どれができて今はどれができてないか、どれがまだ途中かということを、子どもが、あるいは子ども同士が把握し合うような、そういう状況の進捗を把握し合うような利用と、先生が自分の指導を振り返るような学習データの利用。あるいは、ビッグデータ(67)にして、例えば「五年生の算数というのは六年生の算数に比べて難易度が高い」と、そういう体感しているものを裏付けていくような利用ですね。「とりわけ単位量当たりの大きさのところが子どもにとっては一番難しい」というようなことをデータで検証していく。そのような取組が、今、行われ始めています。

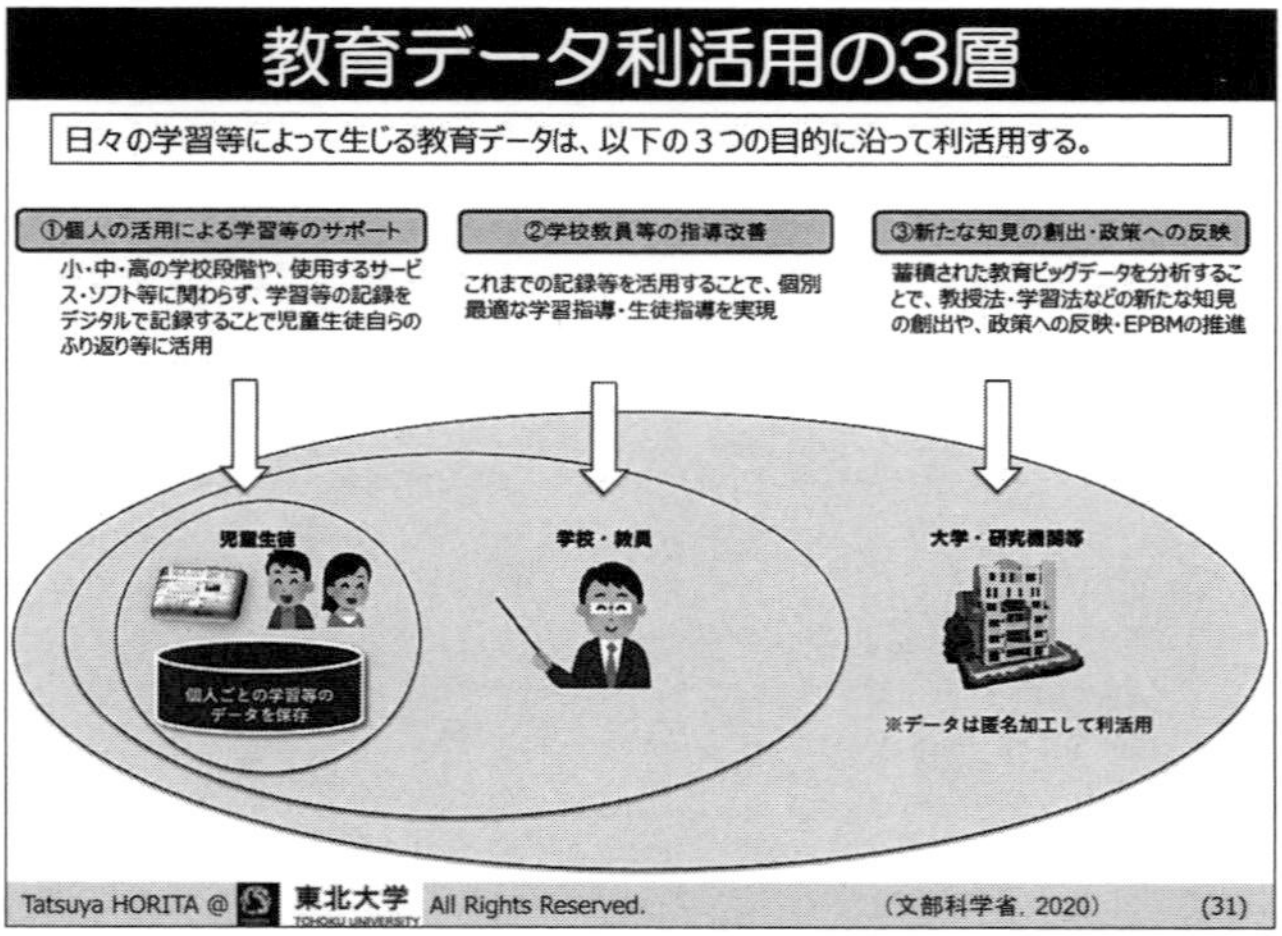

図2-3-7

(67) ICT（情報通信技術）の進展により生成・収集・蓄積等が可能・容易となる多種多様なデータのこと。

デジタルトランスフォーメーション

堀田▼　これから一〇年の間にこれが行われ、それを前提に次の学習指導要領がまた変わっていくと。そういうものについて、エビデンスベースでポリシーを考えていく。これをEBPM（Evidence-based Policy Making、エビデンスに基づく政策立案）といいます。

こういうのは

デジタルトランスフォーメーション（Digital Transformation：DX）

という大きなキーワードで説明できるのです。デジタルトランスフォーメーションというのはとても大事な言葉なので、皆さんにしっかり覚えてほしいと思っています。

これは何かというと、例えばほとんどの人がスマホを持っていて、分からない言葉があったらいつでも調べるし、地図も見るし、大人は飲み会の予約などもしますよね。だけど、考えてみると、調べるのは図書館で調べればいい、地図は紙の地図を買って見ればいい、飲み会の予約は電話ですればいいということで、今までだってできたことですよね。けれども、スマホでやれば簡単で便利。だから、皆がスマホでやるようになった。そうすると、世の中は皆がそれをできることを前提に、サービスを提供するようになるということです。

ICTというのは、やりやすくする道具にすぎないのです。目的は別のところにあるけれど、効率よくやるのに便利で、時間短縮などに非常に効果がある。そのうち、いつしかこれが前提になっていく。前提になって、デジタルの方がデフォルトになっていく。それを「デジタルトランスフォーメーション」といいます。

つまり、実は「教育環境にデジタルトランスフォーメーションを起こそう」という話がGIGAスクールなんだということです。僕はこのことを教師がきちんと把握していなければいけないと思っていて、このことがなかなか伝わらないのをとても困ったなと思っているのです。

家庭環境調査票(地域によって名称が違う場合がある)は、大体の学校で、子どもたちが入学するときに書きますよね。親の名前とか住所とか勤務先とか電話番号とか、場合によっては地図も書く。保護者になるとたくさん書きますよね。こういうのもどうなんだと思うわけです。

例えばレストランの予約をしようと思って予約サイトにアクセスするとします。僕はもう会員になっているので、住所などの情報が登録してある。自分の情報の登録ページがあって、チェックすればメールマガジンが届くようになっている。「マイページ」(68)ですね。一般にはこういうものがあるわけです。

だから子どもが学校に入るときに、役所の中でマイページみたいなものをバーンと作ればいいのです。子どもがどの学校に入るかということは、戸籍情報から就学時検診を経て、もう分かっているわけですから。例えば「○○小学校のマイページ」というものを用意して、住所や電話番号、親のメールアドレスや連絡してほしいメールアドレスなどを全部登録しておいて、必要なときに必要な形で使ってもらえばいい。そして、学校だよりが欲しいとか、献立表が欲しいとかいう要望に対しては、メールで送るようにすればいいと思います。

このように、世間並みの情報化——デジタルトランスフォーメーションを学校にすれば、かなり便利になると思います。データベースには、身体測定

(68) Webページで一人一人の利用者にカスタマイズされた個人専用のホームページのこと。

を行ったら子どもたちの身長・体重の情報を付け加えればいいし、学習の情報もリンクさせればいい。校務支援システムとしてそういうことができるわけで、保護者は一回登録し、必要に応じて更新をすれば、いつでも最新の情報を学校に提供でき、学校だよりの要否など、自分の意思を表明することもできると思うわけです。

子どもが自分の学習技術を確立するために

堀田▼ 最後に「対面とオンラインのハイブリッドな教育」つまりデジタルトランスフォーメーションが起こった後の学校教育のあり方みたいなことを少し話します。

図2-3-8は、教育再生実行会議の初等中等教育ワーキングで僕が使った資料です。「同期―非同期」と「対面―オンライン」という軸で分けています。第一象限にある「教室での対面学習」というのは、その場に一緒にいて、しかも同期している。オンタイムだということですね。現在、コロナで対面ができなくなったので、左側のオンラインになったわけです。

ここで、皆がやろうとしたのは「同時双方向でのオンライン学習」でした。

そのためには対面できていないことによる新たな授業技術が必要で、それを今、谷先生たちがしきりに検討されているということになるわけです。

けれども、実は非同期のオンラインというのがあります。ここには「オンデマンド学習」と書きました。

例えば学習動画を視聴するとかレポートを作るとか、デジタルドリルを自分のペースでやるとかいうことの学習ログが集められて、先生が見られるように可視化する。

学習者の方は自分に都合のいい時間に、自分の能力に合わせて、自分に必要な時間をかけて、二回見たい人は二回見て、早送りしたい人は早送りして学習するということができるわけ

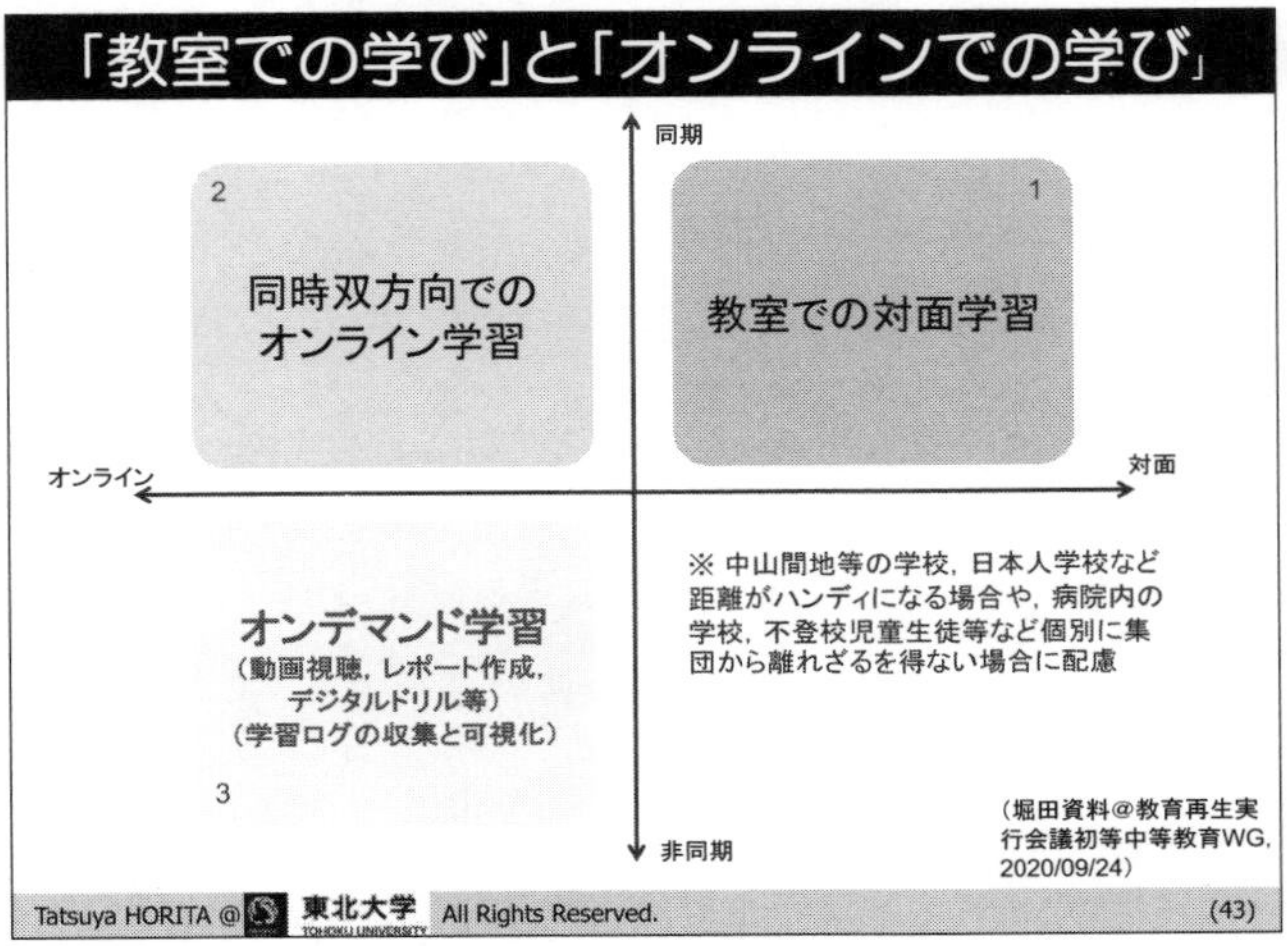

図2-3-8

で、これこそがオンラインの強みなんですよね。

大人になっても生涯学び続けるこれからの時代は、オンデマンドで学習することの方が全然多いわけです。先生が同時双方向で教えてくれるという機会の方が少ないのです。会社で仕事するときも、ほとんどが自分のペースでメールをし、相手が自分の都合がいいときに返事をするみたいな形で進んでいきます。だから将来に備えて、子どもたちに、オンデマンドに慣れさせる。これは学習の理屈でいえば、「自律的な学習をできるようにする」ということです。自己調整学習をできるようにするという必要性があるのだけれど、こういうことがこれから重要になるんだと僕は思っています。

これを学習指導要領でいうところの三つの資質・能力に照らし合わせて考えてみます。図2-3-9の左側にある「知識及び技能」についてです。おそらく、これから先端技術をうまく使って個別最適な学びができるようになり、それをCBT（Computer Based Testing）でいつでも診断できたり、学力調査もCBTになっていったりすることができるようになるだろう。それに必要なデジタル教科書やデジタル教材というのが、メタデータでリンクし合う(69)ような時代が来るだろうということです。

(69) 情報システムのいたるところに様々な形式で存在している、事物を言い表すために私たちが作成、保管、共有する情報同士が繋がり合うこと。

一方で、右側の「思考力、判断力、表現力など」については、対話的な学びとか、協働的な学びとか、そういうものが求められる。この部分こそ、実は教室でしっかりとやるべきことです。これを成立させるための人間関係調整能力というのは非常に重要になります。これこそが、学校の存在意義だといえるのではないかと思います。

けれども、実はこれからの時代を考えると、その上に「学びに向かう力、人間性など」がとても大事だと僕は思っています。つまり「自分の学びとは何か」「自分の学びの特質は何か」を考え、それを自分で推進し続けるには「自分はこういうやり方の方がいい」というような学

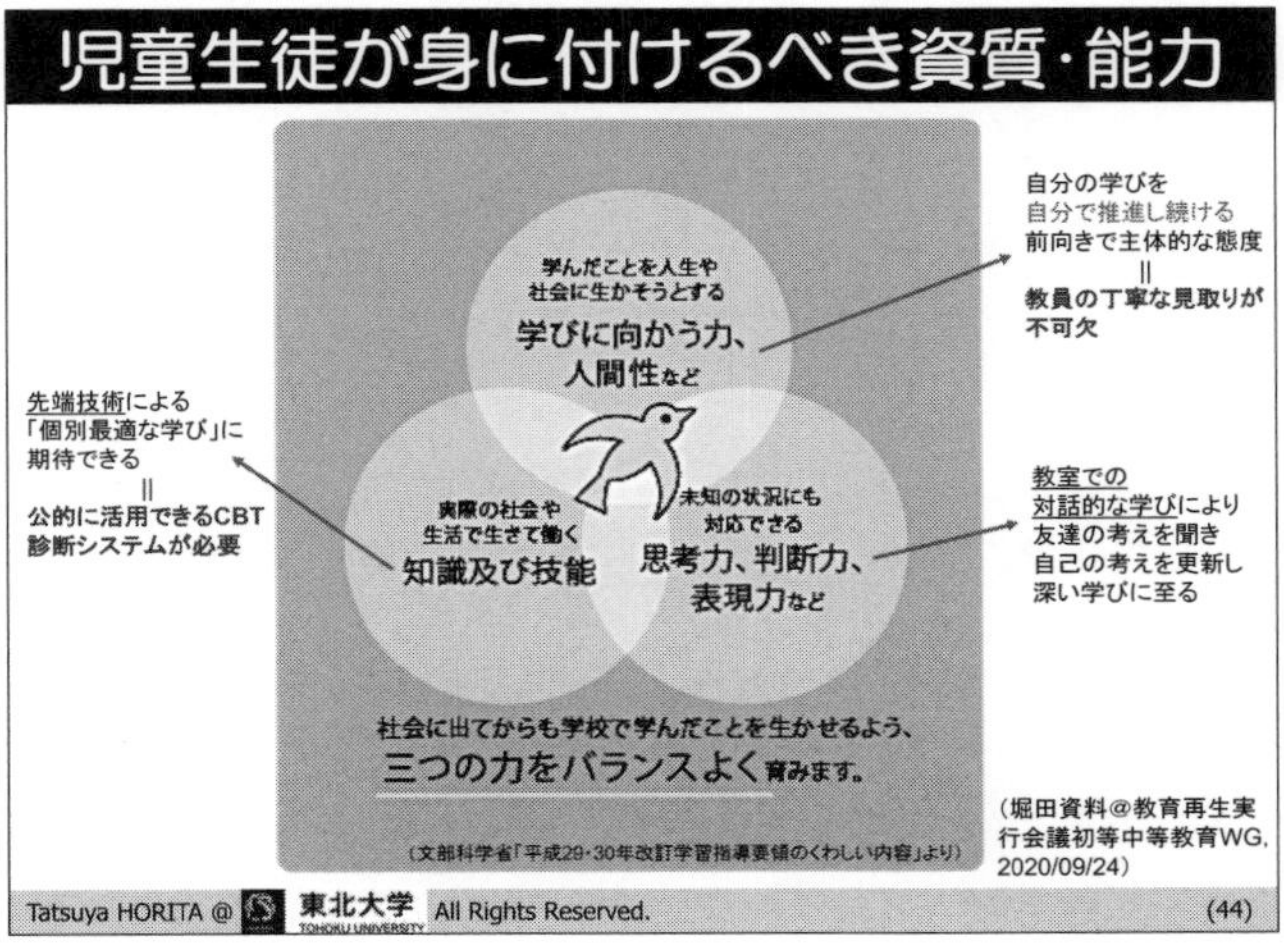

図2-3-9

習技術をその子なりに確立していく。そのことを、先生がどうやって義務教育段階のうちに手助けするかです。やはり、子どもが学習技術を確立するためには教員の丁寧な見取りが必要なので、学校にいるうちにしっかりと身に付けさせておかないといけないと思っています。

オンラインがデフォルトに

佐藤▼ ありがとうございました。では、谷先生ご質問をお願いします。

谷▼ すごく勉強になりました。興味津々でした。堀田先生がおっしゃっていた「学校にマイページを作る」という辺りですが、だったらもう幼稚園なり小学校一年生なりに入学するときに、マイナンバーでログインしたら入力する必要はないのではないかと思うんですが、そういう話になりますか。

堀田▼ そういう話になりますね。ですが、マイナンバーをどこまで細かい個人情報と連動させるのかについては、まだいろいろな議論があって、十分に議論が尽くされていないというところがあります。個人的には、長期的にはそうなると思います。けれども、例えば「〝黒歴史〟みたいなのが学校生活の時代にあって、もうそれは消したいと思うけれど、全部ログに残ってる」というのが幸せなのかどうかという議論を、もう少しする必要があるだろうと思います。

谷▼ いずれにしろ、デジタルがメインになっていく流れですよね。デジタルトランスフォーメーションの話もしてくださって、全く賛成です。最近『アフターデジタル』（藤井保文・尾原和啓著　日経BP）という本を読みました。続編も出ています。教育の世界もこれと同じではないかと思いながら読みました。「オンラインもオフラインももうないんだ。そういう境界線はなくて、基本的にはオンラインがデフォルトになっていき、必要

や目的に応じてオフラインも使うだけの話なんだ」という内容でしたけれど、そういうふうになるんだろうと思います。

そうすると、学校もいずれデジタル教科書がデフォルトになって、「紙の方を買いたい人はお金を出してください」となることはとてもありえる話だなと思いました。でも、時間はかかるんでしょうね。相当反対なさる方がいらっしゃるんじゃないかと予想するんですが、いかがでしょうか。

堀田▼ そうですね。日本は特に反対派が多いです。理由は、日本が著しく高齢化しているからです。声（意見）が大きい人の年齢は、諸外国に比べると高いんですね。ですから、どうしてもデジタル化に乗り遅れる傾向がある。だから、本当は若い人の声をしっかりと聞いていく必要があると思います。『アフターデジタル』は僕も二冊とも読みましたけれど、もう「対面かオンラインか」などという話をしているのがバカバカしくなるような、そういう時代感の話ですよね。

谷▼ そうですね。

堀田▼ そういうことを、今、学校あるいは学校教育において議論しようと思っても、そもそも端末がこれから来るみたいなところだから、なかなかすぐにはいかないんだなと思っています。でも、僕らは先を見て仕事をしていく必要があるので、今のようなことを考えているということを、今日表明したということです。

谷▼ 勉強になりました。デジタル教科書の社会科のページについて、構造的にお話をしてくださったし、資料集との連携、そして一つ一つに記号みたいな数字みたいなタグが付いて連携していくという辺り、素晴らしい世界がだんだんと広がっていくんだろうなと思いました。僕も最近のセミナーでデジタル教科書を使いました。見開きの教科書を見せるとき、デジタルだったら写真と写真を重ねることができる。雨温図をちょっと半透明にして重ねてみたら面白いのではないかと思ったときに、そういうことがごく簡単にできる。学びの質が全く変わってくるなと思って、嬉しく思いながら拝聴いたしました。

佐藤▼　谷先生、ありがとうございました。次は赤坂先生、お願いします。

赤坂▼　もう、一つ一つ納得する話ばかりで、頷いていたら首がもげそうになりました(笑)。本当にありがとうございました。

私がやってきたことから言うと、最後の話が一番印象的でした。結局、自己調整学習ができる子どもたちにしていこうという話なんでしょうか。それはすなわち「社会的自立能力を育てる」というところを目指してるのかなと思って聞いていました。

授業が先ほどの四象限の図の第三象限、オンデマンドの学習が主流になっていくときに、例えばオンデマンドで伝える技術というのは谷先生がご専門で、これからどんどん開発されていくところだ

と思います。一方で、ある塾では、オンデマンドのコンテンツの中でやっている授業者のほかに、子どもの傍に学習サポーターのような方がいて、画面の中の先生とリアルな先生の二人で子どもの学習を成り立たせていくというやり方になっていました。

コンテンツはＡＩが管理しているので、子どもができているところ・できていないところを瞬時に判断して、できていないところは全部ＡＩでレコメンドしていく。そういったことによって、学習を自分たちで組織していくということが可能になっていく時代ですよね。でも一方で、子どもたちがオンデマンドに慣れていくためには、やはり傍で学習を見取って動機づけたり方向づけたりするという人が必要なんじゃないかなと思うのですが、堀田先生、そこら辺の方向は想定されているのでしょうか。

堀田▼　赤坂先生のご意見に僕は全く大賛成で、そうすべきだと思います。だからこそ、学校教育においては、先生が傍にいるうちにオンデマンドで別のコンテンツを見て学び、その学び方でいいかどうかを寄り添った教師が支援し、褒めて、学び方をきちんとその子に形成していくようなことをやらなければいけない。

それは谷先生がおっしゃった「コロナがまた来たときのことを考えると、まだ学校にいる今のうちにオンライン学習をやった方がいいのではないか」という話とも通じます。

学習への動機づけについて、実はコンテンツを見て動機づけられることよりも、友達が横にいて真剣にやっているのを見て動機づけられることの方がたくさんあるわけです。結局、人は人の中で育ち学びます。傍にいる教師の仕事の内容、つまり今までいわれてきた教師の機能のうち、どれがオンデマンドに置き換わる可能性があり、どれが残るのかということを整理する必要があると思っています。

赤坂▼ そうすると、「ティーチングとコーチング」(70)みたいな、今までの教師の仕事よりもプラスアルファの仕事や能力が必要になってくるということでしょうか。

堀田▼ そうですね。僕はティーチングがゼロになるとは全然思いません。

(70)コーチングとは、相手に答えがあると考え、その答えを引き出す手法であり、ティーチングとは、答えは伝える側にあると考え、必要な情報や知識を共有し、相手が同じことをできるようにサポートすること。

特に子どもの年齢が小さいときは、傍にいる人に教わるのが一番うまくいくんだと思います。一方で、だんだん年齢が上がってくると、宇宙に興味があるとか、世の中の選挙に興味があるとか、いろいろな方向性が出てくるわけです。それに向かってコンテンツをいろいろ見比べて、読解して学んでいくということがこれからのスキルだと考えると、高校生、大学生になる頃にはそういうことができるように、小学校でやり始めなければいけないと思っています。

ただ、一つだけ押さえておきたいのは、学習指導要領で「このぐらいの学力を身に付けましょう」と提示しているけれども、そうならない子どももいるという現実があります。それを考えたときに、今のような「自己調整ができちんとできる学習者にしましょう」という目標を掲げて、皆で取り組むと、それなりになるとは思うけれど、第1部で紹介したESCSみたいなことの課題で、そうなりきれない子どもはやはりいるわけです。そういう人たちを社会に出てからどうやってモチベート(71)し続けたり、あるいは支援したりするかということは、これからも大きな課題なのかなと思っています。

(71) やる気にさせる。意欲[やる気]を起こさせる。

佐藤▼　ありがとうございました。では、そろそろまとめをしていきたいと考えています。

改めて「これからの教室のつくりかた」というところに立ち返って、最後に一言ずつお願いしたいと思います。

谷▼　おそらく本書をお読みになる、とりわけ若い先生方は、いわば今後一〇年間の見取り図というか、地図を手に入れたような内容になるのではないかと思います。今日、この話の中で提議されたことをもとに、一つ一つ現場で実践を積み重ねていきたいと、僕も自分の持ち場でそのことを進めていきたいと強く思いました。

赤坂▼　先生方の今日のお話を聞きながら、自分が何をしなければいけない

かということと同時に、ＩＣＴ、それからこのＧＩＧＡスクール構想の意味と、そこにおける教育技術の大切さをより深く認識することによって、もっと学びたいと思ったんですよね。ということは、多分、この本を読んでくださる方も同じように、今私が体験したようにボーダー――境界線を超えていくという体験をできるのではないかなと思います。そういう意味で、すごく意味のある本だなと思って、お仲間に加えてくださった皆様に心から感謝いたします。私も谷先生同様、自分の発信することに責任をもって、これからの教育にきちんと貢献できるように、頑張っていきたいと思います。

堀田▼　前回は『「これからの教室」のつくりかた』というタイトルでした。「これからの教室」といったときの教室は、物理的な六四平米の教室ではないんだと思うんですよね。そして、今回、そういう教室が拡張されたときの学びというのは何なのか。学習というのは何なのか。あるいは、そこにおいて教師というのは何をするのかということを、再定義しようという議論だと思うから、何て言えばいいんだろうなと思いました。

今回もクロスボーダーした良さというのがありました。僕は政策にたまたまこうやって関わっていますし、前回の対談からもう一年四か月ぐらい経っていますけれど、その間は本当に政策が激動した時期だったので、いろいろ情報をもっている分、周りの人に伝えきれていないことがたくさんあると思います。それを聞いた授業技術を検討している谷先生はどう思うのか、学級経営を検討している赤坂先生はどう思うのかというのは、自分にとっても非常にいい勉強になる機会をいただいたと思います。

参考図書

紹介

学習道具としての情報端末を生かした授業づくり

常葉大学教育学部講師　三井一希

これまでの学校現場におけるＩＣＴは、電子黒板や実物投影機に代表されるように、教師の教える道具としてのＩＣＴが多くを占めていました。しかし、今後は児童・生徒の学習道具としてのＩＣＴがスタンダードとなっていきます。

これまで、一人一台の情報端末を活用した授業を実践したことも、自らがそういった授業を受けたこともない先生にとっては、大きな不安があることと思います。でも、授業づくりの基本は変わりません。これまでどおり、「学習目標を決め、児童・生徒の現状を分析し、学習目標に到達するための方法を考える」という授業づくりで大切にするべきことは同じなのです。今日まで多くの授業づくりの原理原則、学習理論等が提案されてきました。それらを参考に授業づくりを行っていくのがよいでしょう。

また、今後は一人一台の情報端末を有効に活用し、学校の授業と家庭学習を有機的につなげることができます。授業中に作成したスライドに家庭からアクセスして家族に学習内容をプレゼンテーションする。共同編集ツールを使い、家庭にいながら友達と意見文の推敲をし合う。このようなことが簡単に実現できるようになります。さらに、一人一台の情報端末があることで、自分のレベルに合った問題を繰り返し解いたり、動画を自分のペースで視聴したりすることも可能となります。これまでの学びを広げる活用にも目を向け、児童・生徒の学習道具としての情報端末を有効に活用していってほしいと思います。

■書籍の紹介①

『教育の方法と技術 主体的・対話的で深い学びをつくるインストラクショナルデザイン』稲垣忠編著（北大路書房）

学習目標のつくり方、評価の仕方、テクノロジーの取り入れ方など、授業設計や学習理論について広く学ぶことができます。

■書籍の紹介②

『学校アップデート』堀田龍也・為田裕行・稲垣忠・佐藤靖泰・安藤明伸著（さくら社）

一人一台の情報端末を活用して、どんなことができるのかを学ぶことができます。そして、ＩＣＴを活用することで学校をもっと魅力的で働きやすく、学びやすい環境に変えるためのヒントを得られます。

第2部
解説

子どもたちにとって最適な学びの環境を

赤坂 真二

年末が近づくに従って、現場からは「GIGAの準備が大変だ」という話を聞くようになりました。設備・備品等の準備で、やむを得ず休日出勤をしている教師も少なくないようです。また、「GIGA関連」の研修が突然降って湧いたように始まった学校では、新型コロナウィルス感染症対策で後送りになったために目白押しとなった行事予定をさらに窮屈なものにし、「必要なことはわかるが、キャパオーバーだ」と悲鳴を上げる教師もいます。

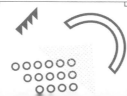

そうした方々のご苦労には頭が下がるばかりですが、一方で第2部を改めて読む中で、現場の大変さを理解しつつも考えなくてはならないことがあると気付かされます。GIGAスクール構想は「『単なる端末』を増やすことではない。教育環境のパラダイムシフトのようなことが起こっている」との堀田先生の言葉に、このプロジェクトのもつ意味の大きさを感じ取ることができます。

世の中は、私たちの生活においてデジタルがデフォルトになるデジタルトランスフォーメーション（Digital Transformation、以下ＤＸ）の時代を迎えようとしています。いつかそうなるという明確な期限はありませんが、間違いなくそのような状況に向かっていると言えるでしょう。谷先生のお話の中に出てきた『アフターデジタル』という書籍の中で、著者の藤井、尾原の両氏は、オンラインがデフォルトとなる世界を「アフターデジタル」と呼び、その現象を「モバイルやＩｏＴ、センサーが偏在し、現実世界でもオフラインがなくなるような状態になると『リアル世界がデジタル世界に包含される』という図式に再編成されます」と説明します。[1] スマートフォンやタブレットをデジタルツールと呼んでいますが、比重が逆転するので、今度はリアルがツールと呼ばれる時代が来るのです。ＤＸ時代とアフターデジタルの状況が同義とは限りませんが、おおよそ似たようなものだと思われます。

こうした世の中の変化の中で、学校だけが、リアルとデジタルが分離した旧態依然とした姿では、社会の担い手を育てることはできません。世の中が変わる、子どもたちに求められる能力が変わる、だから、学校のあり方、そこにおける指導のあり方、そして、学習のあり方を変えて行く必要がある。そのきっかけがＧＩＧＡスクール構想であり、端末の配備はその始まりに過ぎないわけです。このような文脈で見たときに、谷先生やその仲間の皆さんが研究されているオンライン授業技術の開発は、とても意義深いものであると言えるでしょう。対談の時に、画面の中で谷先生が実際にやってくださいましたが、透過性のあるグラフの後ろ側に谷先生が現れ、「ここだよ」と声をかけながら、グラフの見て欲しいところを指し示すと、確かに学習者の視線を集めることができると思いました。かつて、授業名人は「チョーク一本、口一つで勝負」と言われましたが、これからはオンライン授業におけるベーシックなスキルも教師が標準装備していく必要を強く感じました。

ＤＸ時代に向かう学校が忘れてはならないもう一つの視点として、堀田先生は「『対話的な学び、協働的な学び』を教室でしっかりやるべき」と指摘しました。「個別最適化した学び」とは、「孤立した学び」ではないはずです。ＤＸ時代になろうとも、対面での人間関係は身の回りにあり、また、機器の向こうにも人間関係があるわけです。これからの子どもたちは、対面での人間関係だけでなく、オンラインでも人間関係やネットワークをつくっていく能力が必要となっていくことでしょう。前述の藤井氏らは、リアルは「より高い体験価値や感情価値が求められ、十分に強みを発揮する」と言います[ii]。現在はデジタルが少数派なのでそちらの価値に注目されがちですが、ＤＸ時代には比率が逆転するので、対面の体験やそこで起こる感情的なものの価値がより高まると考えられます。オンラインで繋がっていた人たちが、対面したときに「やっぱり、顔と顔を合わせるっていいよね」というあの感覚が、さらに評価される世の中になると予想されます。個別のオンライン学習が当たり前となるからこそ、人と人とが場や空気を共有し、対話したり協働したりして学びを積み重ねることが大事になってくるでしょう。

堀田先生は私の話に絡めて「非認知能力」について触れられました。非認知能力は、「学びに向かう力」と深く関わる子どもの成長に不可欠な能力です。現在は、オンラインやデジタルツールを使っての認知能力の向上に関心が集まっていますが、やがて、非認知能力の育成にも目が向けられるだろうと思います。非認知能力について研究する中山氏は、認知能力を支えるのが思考系能力で、それを支えるのが非認知能力であり、さらにそれを支えるのが自己肯定感であると、これらの能力や感覚の階層性を示しています[iii]。また、最下層にある自己肯定感は、関係性の中で育まれることが指摘されています[iv]。オンラインか対面かのような表層の議論に注意を奪われていると、大切なことを見落とすことになるでしょう。今起こっている変化が何のためのものなのかをしっかり見据えた上で、子どもたちにとって最適な学びの環境を創造していくのだという覚悟が、学校教育の関係者に求められているように思います。

(i) 藤井保文・尾原和啓『アフターデジタル』日経ＢＰ　二〇一八
(ii) 前掲 i
(iii) 中山芳一『学力テストで測れない非認知能力が子どもを伸ばす』東京書籍　二〇一八
(iv) 近藤卓『自尊感情と共有体験の心理学　理論・測定・実践』金子書房　二〇一八

第3部

〝先生の先生〟に聞く
もっと知りたいQ＆A

２０２０年10月19日（月）、オンラインにて、本鼎談に対するＱ＆Ａ座談会が行われました。計21名のオブザーバーから事前に質問を募り、それを佐藤氏が10の質問にまとめ、３人の先生方にご回答いただきました。第３部はその内容から構成されています。

Q.1

オンラインでの人間関係の形成

学級の人間関係を形成するにあたって、これまでクラス会議やSST（ソーシャルスキル・トレーニング）などの取組をしてきましたが、オンラインではどのような取組が効果的でしょうか。また、対面の場合との差異についても教えてください。

赤坂● Zoomで「オンライン朝の会」をやっていた学校がありました。まず、対面でやっているのと同じように、朝の挨拶から入って、健康観察です。そして、簡単なアイスブレイクがあった後で、宿題とか課題の確認などをして終わる。そのようなパターンでした。

例えば、健康観察に幾つかのパターンがありました。先生が名前を呼んで、「はい、元気です」といったような形でやるパターンもありました。また、子どもたち自身が、次の人の名前を呼んで、「はい、元気です。谷くん、どうですか」のようなことを言って、声をかけ、次の子が、また同じように挨拶をしていくという、リレー方式もありました。次の人に向かって、どんどんどん回していくという形式は、対面でも行うことがありま す。だから、対面でもやっていることを、オンラインで応用・活用したというパターンだと思います。

アイスブレイクについては、先生からクイズを出すとか、早口言葉、ボードに出して、それをみんなで言ってみるなど、ほんの数分ですが、笑い合って場を温めます。

じゃんけんはオンラインに向いていますね。「じゃんけん、ぽい」とリアルタイムで行えますし、「勝った人？」と確認するのも簡単です。教師がリーダーになって「あっち向いてホイ」とやるような取組もあったようです。

オンラインでのアイスブレイクにだんだん慣れてきた場合は、ブレイクアウトルームを使って、二人組または数人でグループをつくって、その中でおしゃべりをするということをやっていました。また、クイズ等では、最初は教師から子どもたちに問題を出し、慣れてきたら子どもたちから問題を出して、「子どもたちから子どもたちへ」という、C－Cのやり取りを演出するなどというのもありました。

配慮事項については、対面のアイスブレイクと全く同じことで、負荷をかけ過ぎないということ。そ

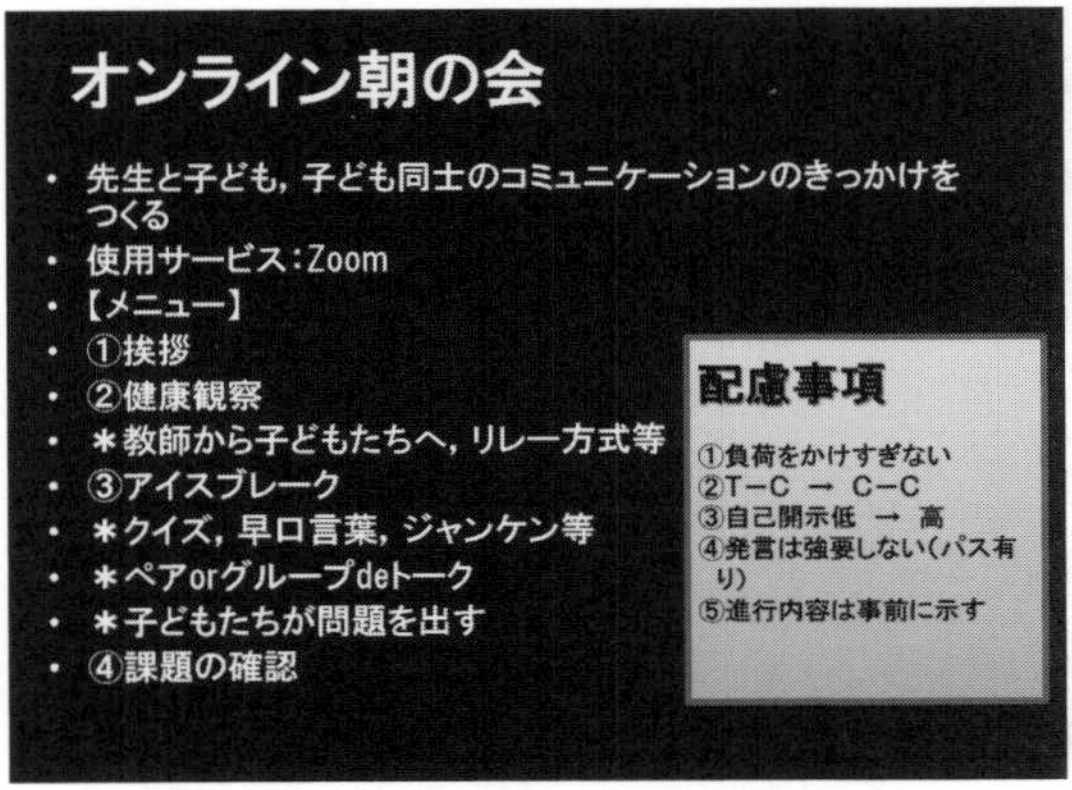
オンライン朝の会
• 先生と子ども，子ども同士のコミュニケーションのきっかけをつくる
• 使用サービス：Zoom
• 【メニュー】
• ①挨拶
• ②健康観察
• ＊教師から子どもたちへ，リレー方式等
• ③アイスブレーク
• ＊クイズ，早口言葉，ジャンケン等
• ＊ペアorグループdeトーク
• ＊子どもたちが問題を出す
• ④課題の確認
配慮事項
①負荷をかけすぎない
②T−C → C−C
③自己開示低 → 高
④発言は強要しない（パス有り）
⑤進行内容は事前に示す

図3-1-1

して、最初のパターンは、教師（T）から子ども（C）へということですね。そして、慣れてきたら子ども同士の交流をするのです。これも、持ち上がりのクラスと初めて対面したクラスとでは、やはりやり方がちょっと違っています。初めて会ったグループのときは、相当教師がコーディネートしていかないと、子どもに預けるというのはなかなか危ないんじゃないかと思います。

ペアトークやグループトークをする場合、例えば、「好きな食べ物」とか「行ってみたいところ」から、「将来の夢」のように、自己開示度の低いものから自己開示度の高いものへとだんだん上げていきます。それから、発言は強要しないようにします。「パスします」と言ってもいいということです。

また、進行内容を最初にきちんと出しておくということも重要です。流れを示しておいて、「こういう流れでやっていきます」「こういうふうになって終わります」ということ明示しておく。そんな実践が見られました。

図3－1－2は、私たちのゼミでもやっていたことなんですけれど、オンラインのクラス会議です。これは十分、実施可能で、子どもたち同士のケアする関係を育てていきます。最初は、その「ハッピー」「サンキュー」「ナイス」みたいな、コンプリメント（簡単な謝辞）を交換したあとに、教師がお題を出します。

お題は何かというと、「朝、起きられなくて困っています。どうしたらいいですか？」みたいなことですね。そして、子どもたちから、「夜更かしをする方なんですか？」などといった簡単な質問を受けたあとに、ブレイクアウトルームに分かれて解決策を出し合っていきます。解決策が出されたら、議題提案者がブレイクアウトルームを解除する。そして、また全員で集まったところで、解決策をみんなで見る。どうやって見るのかというと、Googleスライドですね。Googleスライドなら、各グループのボードが一覧されますので、それを見て「これをやってみます」と決め、「ありがとう」と言って終わるパターンです。

この元実践は、ある中学校教師の実践です。対面の班会議を活用して実施したということなんですが、オンラインへの応用が可能だと思います。

留意点についてですが、この辺がオンラインと対面の違いになってくると思います。例えば、周囲に保護者や兄弟がいるということがあるわけです。タブレット上に学校が再現されるということになりま

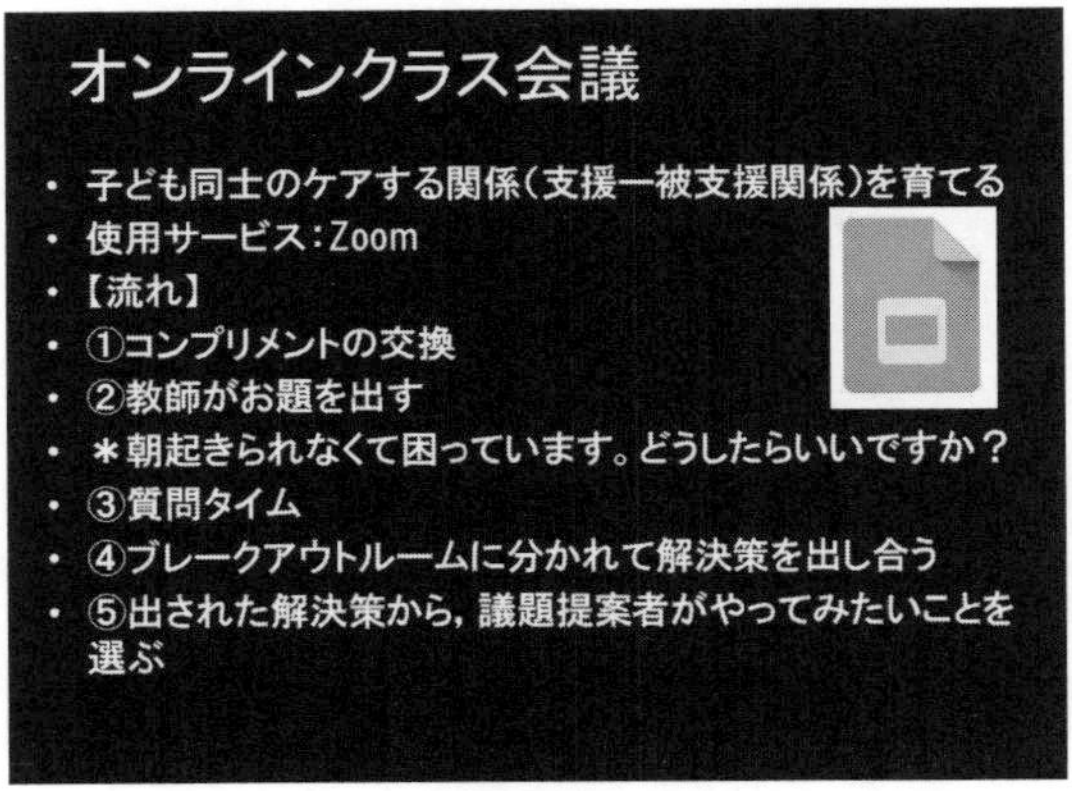
オンラインクラス会議
子ども同士のケアする関係（支援ー被支援関係）を育てる
使用サービス：Zoom
【流れ】
①コンプリメントの交換
②教師がお題を出す
＊朝起きられなくて困っています。どうしたらいいですか？
③質問タイム
④ブレークアウトルームに分かれて解決策を出し合う
⑤出された解決策から，議題提案者がやってみたいことを選ぶ

図3-1-2

すから、そこでの話題は、ちょっと考えなければいけません。

話し合いのルールも重要です。対面なら各教室で、それぞれのグループの中で子どもたちが話し合っているので、どんなふうに話し合っているか、雰囲気を読み取ることは可能です。けれども、オンラインの場合、先生が一つのブレイクアウトルームに入ってしまうと、他のルームが見られなくなってしまいます。そういったところに気を付けていかなければいけません。まずは、話し合いのルールをしっかりと共通理解することですね。

例えば、全員で一斉に話すのではなく、輪番で発言をする。当然、「パスあり」というようなルールが入ります。そして、相手の話を最後まで聞くということですね。いくら画面上だからといって、よそ見をしていたり、よそ事をしていたりすると、話をしている方もいい気分にならないわけですから、そういった「傾聴するときの姿勢」みたいなものをルール化しておきます。

そして、言い方です。発言の仕方については、バックヤードが見えない分、ちょっとした言葉の綾で人間関係のトラブルになってしまう可能性があります。ですから、やはり人の感情に配慮した言い方をきちんと指導しておくことが大事です。こういったことをきちんと教えるなどしてから、子どもたちにブレイクアウトルームを実施した方がいいということです。

また、Ｚｏｏｍの場合、教師は全てのグループを見渡すことはできませんので、全てのグループを渡り歩き、話し合いの様子を把握しておくことが大切です。ＳＳＴの指導過程を明確にし、戸惑いがないようにします。このＳＳＴの指導過程は非常によく考えられていて、子どもたちが混乱しないように出来ているわけです。

例えば、インストラクション、モデリング、リハーサル、そしてフィードバック。こういったような指導過程について、教師はきちんと意味を伝えて、やって見せる。それを踏まえて、子どもたちにちょっと練習させてみて、良い場合は良いものとして、修正が必要な場合は修正が必要なものとして、きちんと教師が見取って、フィードバックしていく。そういった細かな配慮が必要です。

オンラインは対面でやるときよりも、最初のインストラクションの部分とリハーサル部分を丁寧にやる必要があると思います。ここでトラブってしまったら、対面のときと違ってフォローアップが難しいわけです。ですから、そういった技術的なサポートは、オンラインでは非常に大事だと思います。更に、モデリング、リハーサル、フィードバックの過程も、対面のときよりも少し配慮が必要です。もちろん、対面のときも、ここの指導過程はすごく大事なんですけれども、オンラインではトラブルが起こったときのフォローアップが難しいので、より丁寧な指導過程が必要なんじゃないかということです。

堀田●　これからオンラインでのつながりが通常の学校の活動の中の一部に入るとして、そう考えるとオンラインだけで人間関係形成をしたり、人間関係調整をしたりするということもないような気がするんですけど。

　例えば、「こういうのをオンラインでやったら、より対面のときの人間関係も深まるよね」とか、あるいは「対面でこういうことをやっておいたら、オンラインですぐできるからいいよね」とか、そういう橋渡し的なノウハウが組み立てられるべきではないかと思うんですが、どうでしょうか。

赤坂●　「オンライン朝の会」などにすべてを委ねないということですね。やはり、オンラインはあくまでも出会いの場と考えた方がいいんじゃないかと思います。ですから、「もうちょっとこの人と話したい」という段階で留める。これは、対面のアイスブレイクとまったく同じ原理・理屈なんですね。対面のアイスブレイクも、十分やってしまうと、それ以上話す必要がなくなるから飽きちゃうわけです。だから、アイスブレイクの場合は、オンラインであろうと対面であろうと、15秒とか30秒とかというように時間を区切る中でコミュニケーションをすることで、「ああ、もうちょっとこの人と話したい」という状況にして終わるというのが、結構大事なポイントだと思います。

谷●　第1、2部でも「オンラインだけで人間関係形成が可能なのか」という話になったと思います。その際、元々人間関係が出来ている人たちがオンラインに移行するのなら、わりとスムーズに行きそうだけど、人間関係がない人――つまり初対面同士が、初めからオンラインで人間関係をつくるのは難しいのかもしれないという話題になりましたよね。

この春、私の大学では、学期の全部がオンラインだったんです。だから、新入学の子たちとも、ずっとオンラインでしか会っていなかったわけです。そこで、その中の一人に話を聞いてみると「対面になって面と向かって会えたときに、初めて会った気がしなかった」ということでした。何か「やっとリアルに会えたね」という感じで、旧来の友達だったような感じがして、むしろすごくスムーズに対面での人間関係もつくれたって言うんです。

これは、オンラインだから良かったというよりも、むしろ、オンラインを組み立てた教員側の設計というのが、結構重要な要素だと思います。今まさに赤坂先生がおっしゃってくださったようなテクニカルなことも含めて、対面でも人間関係構築の空間を設計できる人間が、オンラインでもきちんと配慮したということが、そういう成功例を生んでいくんじゃないかと思いました。赤坂先生、いかがでしょうか。

赤坂● はい、全くそう思います。私たちのゼミでも、4月から5月の間はずっとオンラインでゼミを繰り返してきたのですが、対面になったときに、やはり、「すごく嬉しかった」「良かった」と言うメンバーが多かったんです。

　でも、それはなぜかというと、今の在校生である学部4年生の学生や院生たちが、相当工夫をして場を設定してきたからなんです。つまり、野放図に、単にオンライン会議を設定したからつながったんじゃなくて、雰囲気をつくるとか、互いの発言の対等性を保証するとか、そういったルールをかなりきちんとやって来たからこそ、出会ったときに「ああ、この人たちに会いたかった」となったわけです。

　やはり、オンラインであろうが、対面であろうが、人間関係を作るための条件設定がきちんとできるということが、結構大事な要素だと思います。

Q.1 に関するオブザーバーのコメント

稲木健太郎　栃木県公立小学校　教諭

「人間関係ができていてオンラインでつながる」のと、「オンラインで人間関係をつくる」ことの違いにとても納得させられました。また、今後そういった場面が想定されるのであれば、オンラインならではの人間関係づくりのコツや、学級経営の指導技術も教師である私たちは学んでいく必要があると思いました。さらに、オンラインでの人間関係づくりがうまくいくように、対面で指導できるうちに教師が傍でコーディネートするということも非常に重要だと思いました。それは今までの学級経営、人間関係づくりと同様の部分もあり、デジタルトランスフォーメーションされた部分に関しては、また少し違う技術や考えが求められるのかもしれないと思いました。

棚橋俊介
静岡県公立小学校 教諭

本校ではオンライン授業や朝の会は行っていませんが、現在自分のクラスでは一人一台の環境があります。再び休校になる前にオンライン授業の準備を行おうと思っております。今回の話を聞いて、今自分が何をすれば良いのかイメージをもてました。まずはルール化を徹底し、授業の中で何か使えないか模索していきたいと思います。また、「オンラインでのルール」についてですが、これこそSSTなんだとも思いました。相手が話してから自分が話したり、丁寧な言葉遣いをしたりするのは、オンラインでもリアルでも共通するのだと実感しました。

Q.2

熱中軸

お話しいただいた「熱中軸」は「令和の日本型教育」にある「個に応じた指導」の実現に重要と考えています。改めて「熱中軸」について詳しく教えてください。また、オンライン授業とこれまでの授業で子どもたちの熱中のさせ方に違いはありますか？

谷●　実は熱中軸というのは、僕の言葉ではなくて、堀田先生から聞いた言葉です。ですから、おそらく堀田先生が、このあと、何らかのツッコミをしてくださると思います。

さて、昔、あるところの校長先生に、TOSS代表の向山洋一氏が、向山型算数「難問5問・1問選択システム」という方法の説明をしたことがありました。難しい問題を五つ、子どもたちに提示して、「その中から1問だけ選びなさい。その1問を解けたら100点、解けなかったら0点です」という出題の仕方です。

100点をもらった子どもが、「先生、もう1問やっていい？」と言った場合、向山先生は、「やってもいいけれども、2問目やって出来てもやっぱり100点だよ。2問目やって間違ったら0点だよ」という説明をしたのです。

この話を聞いていた、その学校の校長先生が、理不尽な方法に思えたのか「それは、どうしてですか？」と聞いたところ、向山先生は、「いや、そのやり方のほうが熱中するからです」とひと言だけ答えました。

その話をお聞きになっていた堀田先生が言われたのが、この「熱中軸」です。もう、何年も前の話なんですけれども、向山先生の「熱中するからです」という言葉を引き取って、堀田先生が「熱中軸だよね」と僕の方を向いてお答えになったシーンをはっきりと覚えています。僕が何となくぼんやり思っていた概念に「熱中軸」という名前を堀田先生が付けてくださったという感じがして、今でも覚えています。

今、映っている画面（図3-2-1）は「熱中軸」の説明です。X軸方向に「内容」の軸があったとして、当然、プラスに行く方が内容的に良いということを意味します。同様に、Y軸方向に「方法」の軸があって、

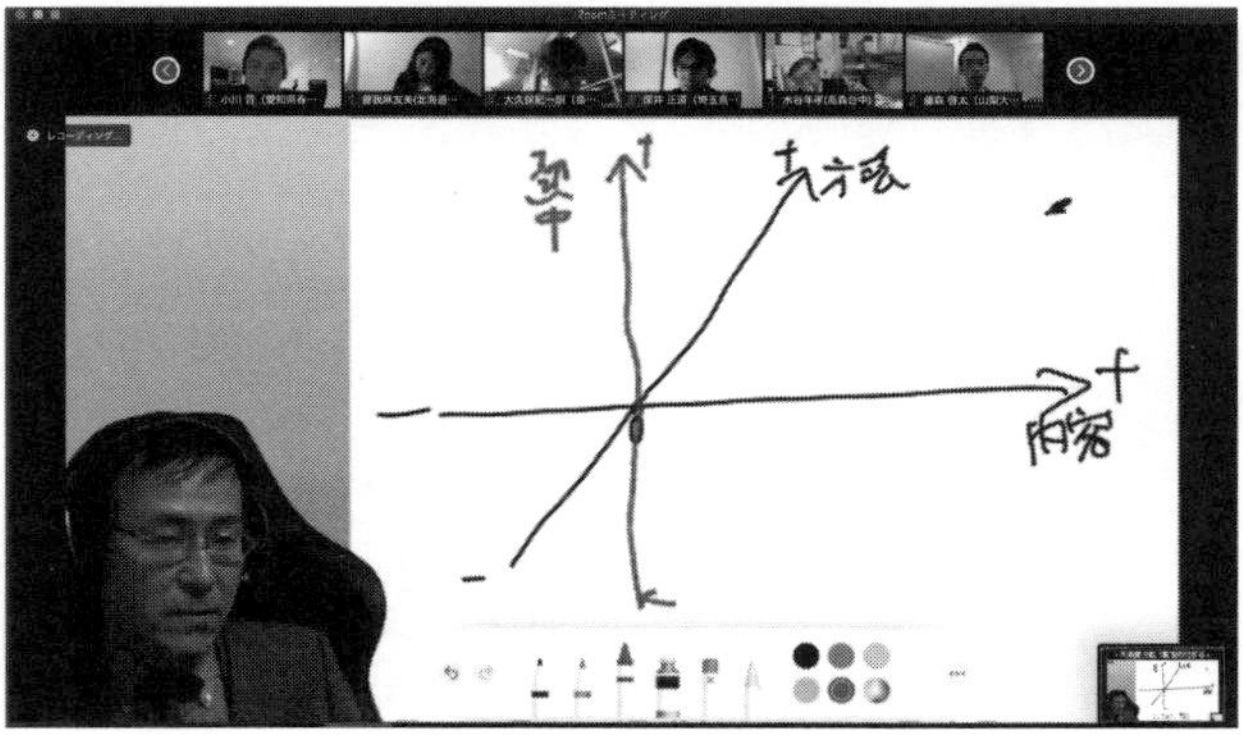

図3-2-1

当然ですが、第一象限が一番良いわけです。内容も良くて方法も良いということになりますので。しかし、実はこれとは別に、どうやら世の中の授業には、「熱中軸」というのがあるんじゃないかという話です。このZ軸（色の薄い軸）で表したものですね。

結局、「内容も良くて方法も良ければ、熱中するんじゃないの」という意見は確かにある。僕も、ほぼそうだと思います。しかし、さっき申し上げたような、「1問解けたら100点で、2問目を解いたところで、それを間違えたら0点」というようなシステムは、普通では考えられないですね。このノーマルな方法ではないところに何かがあって、そういうものも含めて「熱中軸」がある。向山代表の発表してきた授業には、そういった熱中軸がどうやらありそうだと思います。今、非常にシンプルに簡略化してお話ししましたけれども、基本的にはこのようなものを「熱中軸」と呼ぶのだろうと考えています。

それで、「オンライン授業とこれまでの授業で、子どもたちの熱中のさせ方に違いはありますか」ということですが、熱中のさせ方に違いはほとんどありません。オンラインの授業がお上手な先生は、対面での授業もお上手である可能性が非常に高いと思っています。ただ、もちろん、オンラインであるが故の、ICTを操作するスキル的なものがあることは否定しません。ですが、それは授業の上手さではなく、機械操作の上手さです。機械操作の上手さは別途トレーニングをすれば身に付けることが可能ですから、授業そのものの上手さで熱中させるという点については、それほど変わりません。テクニカルな点については、幾つかあるだろうとは考えています。

堀田● 今、谷先生にかいていただいた図でいうところの「方法」というのは、ある程度、内容に依存した方法だと思うんですよね。つまり、「かけ算九九はこうやった方がいい」とか、「繰り下がりはこうやって教えた方がいい」とか、「弥生時代のことはこういう写真、絵を見せたらいい」とか。この内容に合わせた方法というのが、まさに狭義の教科教育の方法として、一定の成立をしています。しかし、そういうものとは別に、人を盛り上げる方法というか、乗せる方法というか、そういうものがあって、ある程度、定式化できる何かがあるような気がします。

今までの授業研究には、そういうものをあまりもち込んでいなかったのではないかと思います。内容に依存した方法を、「理科教育はこうあるべきだ」と議論してきました。けれども、「何か盛り上げる人、いるよね」「子どもたち、その先生、好きだよね」というようなことはたくさんある。こういった学級経営の軸を、もっと授業研究にきちんと取り入れていくべきではないか、その方が立体的になるのではないかという僕の提案の一つが、今の「熱中軸」という話です。赤坂先生、補足をお願いします。

赤坂● 熱中軸というのは、教師のやり方の部分ではなくて、在り方ということですね。

でも、「在り方も技術なり」という考え方もありますので、やはりそれは技術的なものとして分解して、それをシステム化していくことは十分可能だと思います。

堀田先生がおっしゃるように、日本の学校教育においては、とにかく授業については、教材研究と教育方法だけでやって来たという話ですよね。そこに対して、「意欲の軸があるだろう」というのは、自分がずっと言って来たことです。意欲を高めるということに対して、日本の学校教育は非常に冷淡でした。

でも、「学習意欲というのは、実は伸びうるものだ」という前提で設計されたというのが、今回の学習指導要領改訂の非常に画期的なところです。これから新学習指導要領のもとで、教鞭を執る先生方は、この熱中軸――私の言葉で言うと、学習意欲を高めるその教師の在り方、そういったものを研究していくべきだと考えます。

堀田●　今の話は、今度の新しい学習指導要領の時代の授業の在り方、教室の在り方みたいなことを、結構示唆している議論だと思います。「熱中軸」という言葉を使うかどうかはともかく、学習指導要領の新しい「資質・能力の三つの柱」では、「学びに向かう力」というのを書いているわけです。「〝学びに向かう〟というのは力なんだ」と言ったということで、これは教育学的にもかなり突っ込んだ話なわけです。それを学校教育の対象としているターゲットに入れたということは、それを伸ばすシステムを、私たちは何らかの形でもってないといけないということです。それを教師の個性だけに、あるいはとある教師がもっている技術だけに留まらせていたら、学校としては責任をもった仕組みになっていないということですよね。だから、このことをもう少ししっかりと、私たちは掘り下げる必要があるんじゃないかと思うんです。先生が「教えてあげようか」と言っても、「先生、教えないで、考えてるんだから」と子どもが言うようなシチュエーションをシステム的に引き起こす方法論というのは、もう少しあってもいいのかなと思います。

Q.2に関するオブザーバーのコメント

久川慶貴
愛知県公立小学校 教諭

子どもたちを熱中させることが上手な先生は、学習場面や生活場面での、児童の扱いが上手いのではと思います。その背景には、児童の学習状況・生活状況の把握があり、それらを踏まえた児童とのやりとりができるかどうかなのではないかと感じました。

評価・見取り

Q.3

新しい時代に「学びに向かう力、人間性」にあるように、「態度」を評価する内容に加えて、メディア・リテラシーを含めた評価観点が必要になっていると考えています。GIGAスクールに向けて学習目標や学習評価の観点は、どのようになると考えられますか。情報活用能力の見える化（数値化）の視点も関心があります。

堀田●　この質問者は、勉強している方だなと思いました。まず、学習指導要領の総則には、「学習の基盤となる資質・能力」という概念が書き込まれています。学習の基盤となる資質・能力というものの中には、例えば言語能力であり、例えば情報活用能力（情報モラルを含む）であり、例えば問題発見・解決能力であると書かれています。つまり、言葉が豊かであるとか、情報をいつでも探し当てたり整理したりできるとか。問題発見・解決能力でいえば「今日の課題は何で、これができたから解決」とか、「私が今やるべきことは何で、それはここまでできているから、あと残りがこれぐらいある」とか、そういうふうに物を見ることができるということですね。このように、資質・能力というものがあって、こういうものが各教科の授業を支えるのだという形で学習指導要領に書かれているということです。

各教科にも、もちろん基礎・基本もあれば、応用的な内容もあるわけですけれども、そういう教科の中の「基礎が何で、応用が何か」みたいな話ばかりがずっとされて来ていました。各教科を超えて、基盤となって機能するような能力があると明記したというのが、今回の学習指導要領のかなり踏み込んだところです。

教科の中で身に付けるのだけれども、教科そのものではない。例えば、ノートの取り方は、算数でも社会でもやるけれども、算数でも社会でもない。それは基盤となる資質・能力である「学び方」の一つだと考えるということです。例えば「友達と話し合いができる」というのは、国語のようで国語でなく、それ自体は基盤となる資質・能力である「学び方」の一つだと考える。そういう考え方でつくられたのです。

そこに情報活用能力が入っているということは、これからの評価は「情報活用能力はきちんと育っていますか」ということも評価していかないといけないし、その育ちが十分ではないのに「子どもたちがICTをきちんと使えないのはダメだなあ」とか「ICTはあんまり意味がないんじゃないか」とか言うのは、教える方の授業がダメなんだということを、もっと啓発していかなければいけないと思います。

そもそも、高級なパソコンを買ったらすぐに仕事がうまくいくなどということがないように、パソコンの性能と人間の性能は別の話です。新しいコンピュータもうまく使いこなせなければいけない。ビデオカメラでもすごく良い映像が撮れる人とそうでない人がいるわけです。これは人間の能力の問題であって、画素数の問題ではないということですよね。

このことを考えたときに、ICT、テクノロジーが学校に入りましたと。それだけで学力が上がるなどというのは非常に短絡的な話で、それを使って効果のある勉強の仕方につなげられるような情報活用能力を、私たちはもっと真剣に鍛えていく必要があるのです。それは、どこからどこまでで、何日ぐらい、何カ月ぐらいかかるものなのか。例えば、キーボード入力は取り立ててやった方がいいのか、少しずつやった方がいいのか。何年生ぐらいになると何%ぐらいできるのか。あるいは国語の授業と兼ねてやった方がいいのか。そういったことを、私たちはこれからどんどん明らかにしなければいけない。

情報教育の分野では、そういう実践研究が今、盛んに行われていますけれど、まだ体系にはなっていないという状況です。

質問は評価の観点ということですけれども、これはけっこう難しい話です。少なくとも、これからの時代、この子が「今、それが分かったかどうか」だけではなく、分かろうとしたかどうかとか、あるいは分かるためにどういう道筋で困ったりしたかとか、誰かに助けてもらって分かった喜びを感じたかどうかとか、そういう、その子の学び方の習得につながるようなことを見なければいけないと思います。

ここがきちんとできていないといけません。今言ったことが学びに向かう力であり、その子が情報活用能力を始めとする、その基盤となる資質・能力がどのぐらい身に付きつつあるかを教師が見取るということだと思います。教科の内容だと、ある問題ができたとか、できないとかで、簡単に判定できるかもしれないけれど、そうではないから、今から大変だと思います。

そういう「子どもたちの様子が見取れる」ということについて、実は、学級経営とか特別活動とかをやっていた人たちは、教科のような明確な基準がない中で子どもを評価し伸ばしてきたから、できるのではないかと僕は思っています。一方で、先生たちが、自分の仕事の仕方とか、自分の学び方とか、そういうことにあまり興味がなく自覚がない場合には、どうしても教科の出来不出来でラベリングしてしまう可能性があると思っています。この「学び方」をどうやって評価していくかということこそ、これからもっと研究されていくべきところだと思います。

次に、情報活用能力の見える化についてですね。情報活用能力については、平成25年～26年に小学校と中学校、平成27年～28年に高等学校の調査を国が行って、日本の子どもたちの情報活用能力は、めちゃくちゃダメだということが明らかになってます。そして、それに追い打ちをかけるように、PISA2015、2018で、そもそも情報の取り出しもろくにできないし、コンピュータを使った授業の経験もOECDでは最下位であるということが、これまた、明らかになっています。

そういうこともあっての、GIGAスクールの整備なので「能力が低いのに入れてどうするんだ」ではなく、能力を上げるために基盤整備として入ったということを、教員がきちんと理解しておかなければいけない。そのためには、基盤となる資質・能力のことが理解できていないといけない。教科のことしか考えていないようではいけないと僕は思います。

文部科学省としては、次なる情報活用能力調査を、どのようにやるかということは検討中です。

Q.3 に関するオブザーバーのコメント

手塚美和 静岡県公立小学校 教諭

新しいコンピュータを買えば、その能力が上がるわけではない。とても分かりやすく教えて頂きました。お話を聞いていてイメージするのが、環境の整った外国の様子でした。今の学校の机はとても狭く、また、パソコンの保管庫すら置く場所がない状況です。議員さんは、コロナで行政もお金が尽きていると言っていました。能力が上がるようにパソコンを使っていかせるのは、あとは、学校、教師にかかっているのでしょうか。

水谷年孝 愛知県公立中学校 校長

先生たち自身が「情報活用能力とは何か」ということをしっかり自覚していないので、まず自分たちの仕事の中から理解して自覚していくことが大切かなと思っています。クラウド活用もいきなり授業ではなく、その前に自分たちが使っていき、その過程で授業ではどうすればいいのかをつかんで授業で活用していくことが、時間はかかりますが最終的には広がるものと思います。

Q.4

教師の機能・役割

教師の機能・役割が変わるとのお話をいただきました。現場では、どうしても教えないと不安になる教師が多いように感じます。自分もそうだったと思います。改めて、今後の教師に求められる役割と、「教えることで安心する教師」に必要な支援・手立てについて教えてください。

赤坂● Z会という学習塾があります。そこではアタマプラス（atama＋）というサービスを使ったオンライン授業を行っているそうです。タブレットの中に先生がいて、そこで授業をしているわけです。子どもたちは皆、一律の授業を受けているわけではなく、自分たちでオーダーメイドの学習を進める形になっています。

子どもたちはどんどん学習していく中で、うまくいっているところと、うまくいってないところがはっきりしてくるので、AIが判断して、「ここができていませんよ、ここをもっと練習しましょう」といったことをレコメンドしてくれるというシステムです。

通常の学習だったら、子どもが分かろうが、分かるまいが、どんどん授業は先に進んでいきます。そういう中でやる気が失われていくこともあるんですが、このシステムだと、どこでどうつまずいているかというのが瞬時に分かってきます。わからないところは、繰り返し学習ができて、強化されていくというシステムなわけです。

しかし、実はタブレットの中だけで学んでいるわけではなく、隣にコーチをする先生を配置しています。要するに、学習をコーディネートしてモチベーションを高めるような働きかけをしているのです。

つまり、何が言いたいかというと、これからオンライン授業が進んでいくと、直接、各教室にいる教師たちがオンラインの授業をやっていく一方で、例えば、谷先生みたいな、すごい名人教師の授業がオンラインで配信されて、全国津々浦々でその授業を受けることができるということになってくるわけです。そうなれば、その授業の内容については、教室にいる教師が直接教えなくていいのです。

だからといって、タブレットの中の教師のみによって子どもたちが学習できるかというと、そうでもないと思います。発達段階やその子の個性によって、タブレットだけによる自学自習というのは、モチベーションを維持するのが難しい。要するにYouTubeで勉強するみたいなものですから、双方向性のやり取りがないのです。そういうときに、傍にいて声をかけたり励ましたりする先生が必要だということです。

このように、これから人間の先生の役割は大きく変わっていくのではないかということなのです。従来のように知識の伝達を行っていくのではなく、生徒一人一人の目標に寄り添って伴走したり、モチベーションが上がるように褒めたり励ましたり、学習姿勢を見ながら勉強の仕方を助言したりする。そういったような、子どもたちがモチベーションを上げるための役割が、リアルな対面の先生に求められてくるという話なんですね。

しかし、そういったところの研究や研修が進んでいないという現状があります。それが、このTALIS2013、2018の調査によって、明らかになってるわけです。児童生徒の主体性を引き出すことに関する項目を取り出してみると、「勉強ができると自信をもたせる」「批判的思考を促す」「勉強にあまり関心を示さない子に動機付け」「学習の価値を見い出せるように手助けする」など、こういったことに対して、諸外国の先生方に比べて、日本の先生方は非常にスコアが低いということが分かっているわけです。

2013年より2018年の方が、いくらか改善されてはいるんですが、まだまだ諸外国とは大きな

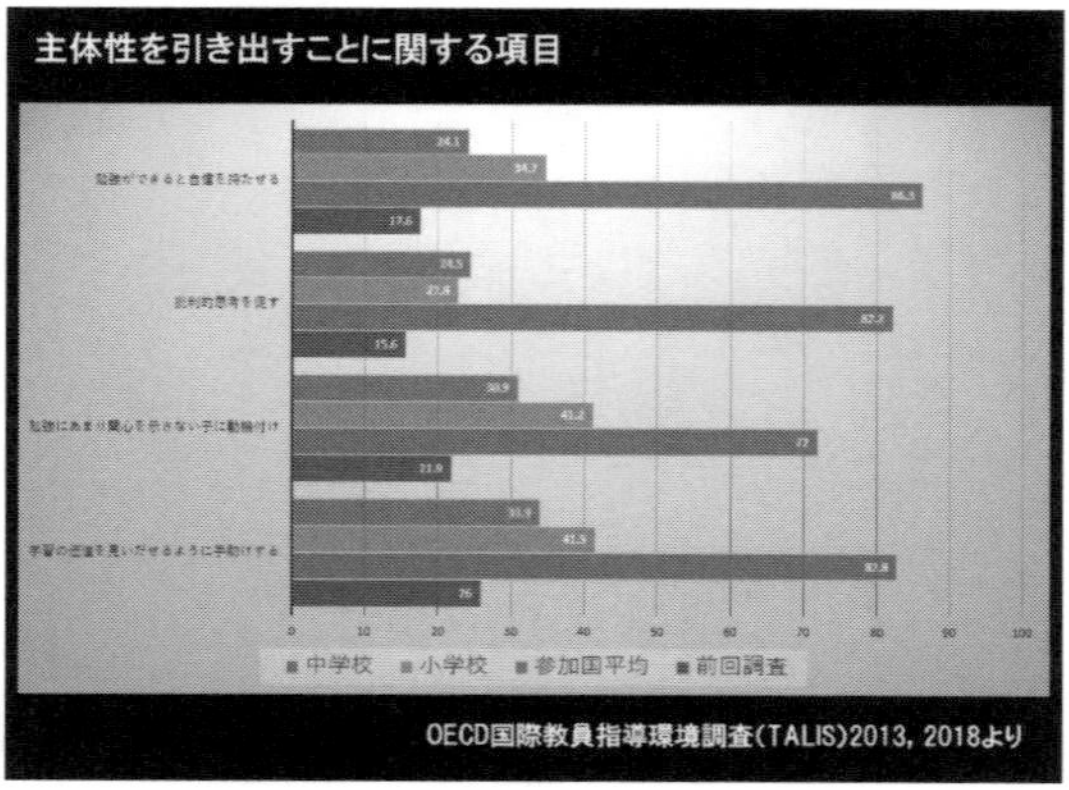

図3-4-1

差があるということです。ですから、学校の先生たちは、教材研究、教授法研究、そして特別支援に関わる学習者研究というものを、どんどん進めていくことが必要だと思います。その学習者研究の中で「子どものモチベーションを上げるにはどうしたらいいか」ということに対する知識やスキルをもっと勉強していくことが、これからは必要になってくると思います。

Q.4に関するオブザーバーのコメント

三井一希
常葉大学教育学部 講師

「個別最適な学び」を教師視点から捉えると、個に応じた指導であったり、指導の個別化ということになると思います。赤坂先生のお話からも、今後教師に求められる力としては、指導の個別化がより一層必要になってくるように感じました。もちろん、1人の教師が30人以上の児童生徒の状況を把握することは難しいので、そういうときにこそ、テクノロジーの力を借りるのがよいのかなと思います。

Q.5

職員集団・校内研修

これからは、ＩＣＴの得意な教師が中心になって進めていくという考え方ではなく、お互いの授業技術や得意分野を生かして、それがＩＣＴを取り入れた学習とベストミックスして、よりよい授業づくりをしていくことが大切だと考えます。このような教師それぞれのベストミックスという点で、今後の職員集団の在り方や、例えば校内研修の在り方について先生のお考えを伺いたいです。

堀田●　そもそもＩＣＴが得意な人というのは、何が得意なんでしょうか。上手く情報を集められる人でしょうか。上手くグラフが作れる人でしょうか。それとも、Googleスプレッドシートなどをさっと用意して、皆が意見を言いやすいようにするという、そういうことでしょうか。

「ＩＣＴが得意な人と、そうでない人」といいますが、「私、ＩＣＴ、苦手だから」と言っていても、実物投影機などをすごく上手に使っていたり、スマホをいつも使っていたりするわけです。僕は、そういう二分法が、もうおかしいのではないかと思うんですね。

これから入ってくるGIGAスクールのコンピュータは、昔の何か難しいコンピュータと違って、クラウドにアクセスしやすいような、スマホがパソコンになったようなものだと、僕は思います。ですから、そんなに難しいことはありません。ただ、クラウドの概念などは分かっておく必要がありますね。

例えば、先ほど佐藤先生が、オブザーバーの皆さんが意見を書き込むためのシートをさっと作ってくれましたが、そういうことができれば皆が簡単に意見を出せるんですよね。それを見て、皆で改めて教室で話し合うみたいなことができるくらいのスキルがあればいいのです。早く皆がそこに達すれば、得意とか不得意とか言わなくてよくなります。まずは、先生たちの経験知をしっかりとそこまで上げるということだと思います。

今の時代、キーボードが打てない人はもういないでしょう。ワープロソフトを使えない人もいないだろうし、パワーポイントを使えない人もいないと思います。上手ではない人はいると思いますが。「上手ではない」と言ったら、授業が上手ではない人もいて、体育が上手ではない先生とか、音楽が下手くそな先生とかいるわけです。そんな人、いたっていいじゃないですか。そういうことで、その人が働きにくくなるようなことがないような職場が、僕は理想だと思います。

Q.5 に関するオブザーバーのコメント

深井正道　埼玉県公立小学校　教諭

私は職員同士をつなげることに全力を注いでいます。校内研修はそのための効果的な場だと思っています。学校の課題を共有して、目標とする子ども像とそのための方法を共有することが大切だと思います。

橋本信介　神奈川県公立小学校　総括教諭

校内研修は、授業を中心にとよく管理職に言われます。授業を軸により良い研究集団、職員集団を創り上げるためには、メンター的な存在も必要ですしファシリテーター的な存在も必要です。ＩＣＴが入ったからといって慌てることではなく、目的と手段を明確に職員に伝え、研究を進めていくことが重要なことは分かっているのですが、ベストミックスの研究方法・先行事例などがあれば知りたいと思いました。

Q.6

メンタルケア

今年度は特に、教員・スタッフに離職者や病休による入れ替わりが多くありました。不登校の子どもたちも増加しています。今なお、ギリギリの状態で働いている教員、ギリギリの状態で登校している児童・生徒たちが多くいて、精神的な負担感を期待感へ、疲労感を達成感へと転換するメンタルのケアが必要と感じます。もし、赤坂先生が現場の管理職や一教諭の立場でいらしたら、何から着手されますか。

赤坂●　厚労省の「生活習慣病予防のための健康情報サイト「e-ヘルスネット」(2020年6月6日)」によると、ソーシャルサポートがストレッサー(ストレスを与えるもの)の影響を和らげていくということです。ソーシャルサポート、つまり、人間関係を整えることですね。

実際に、そういうことに取り組まれているところもたくさんあります。コロナによる自粛期間が終わってから、いくつかの小学校の先生方の話を聞いてみると、子どもたちのメンタルケアについて関心をもっている方が確実にいらっしゃって、そういったことに取り組んでいる学校も少なくはありません。でも、調査した限りでは、先生方のメンタルケアについて積極的に取り組んでいる学校があまりないということなんですね。やはり、これからの学校は、そういったこともきちんと考えていかなければいけないのではないかと、私は考えています。

　ソーシャルサポートには、情緒的サポート、道具的（手段的）サポート、情報的サポート、評価的サポートといったものがあります。学級経営の中で、こういったサポートを用意していくことは当然です。学級経営の上手い先生や、マネ

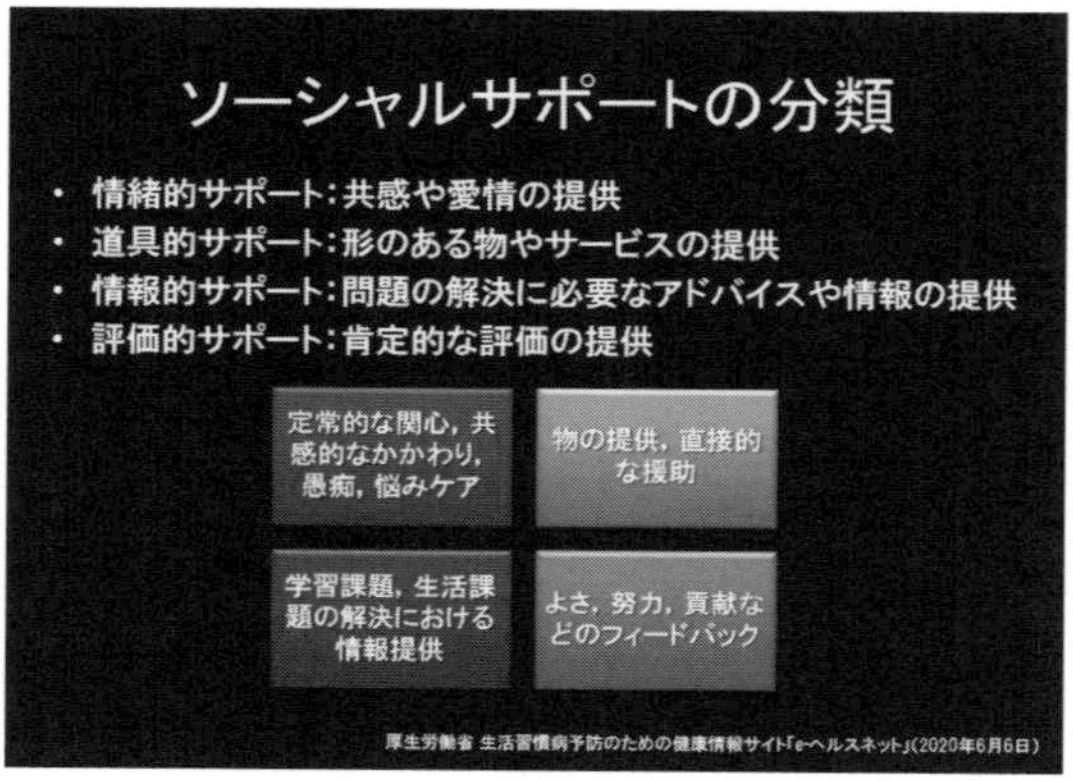

図3-6-1

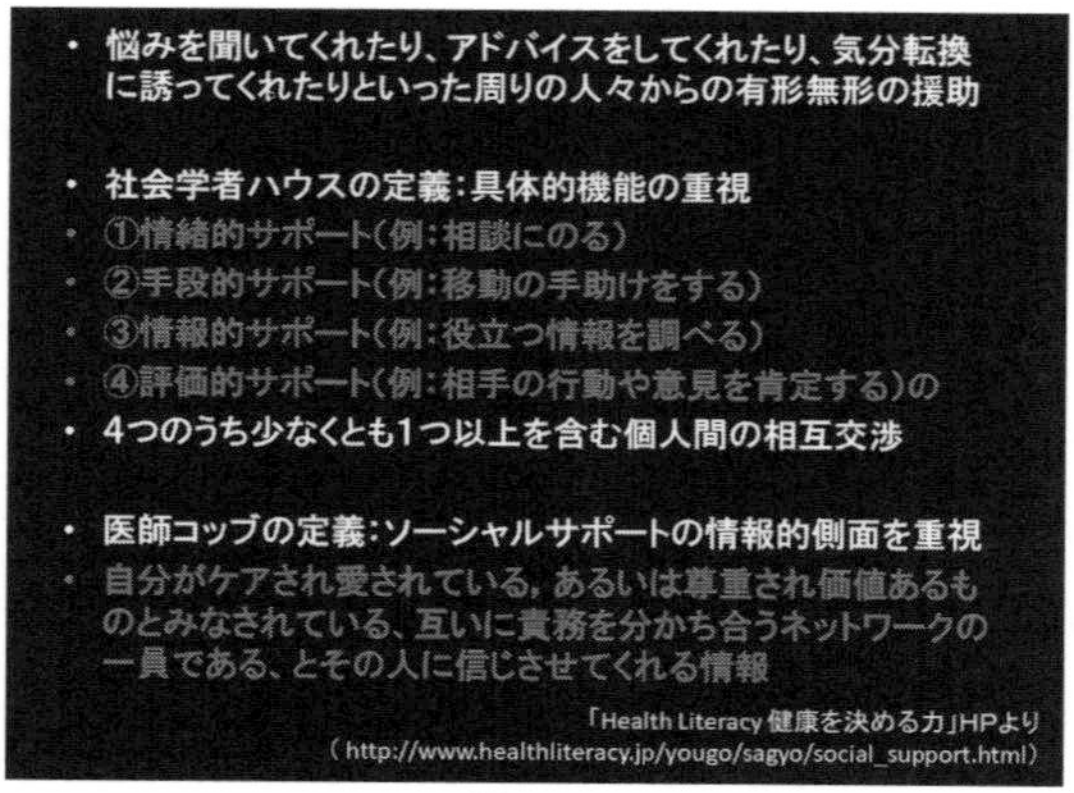

図3-6-2

ジメントをしっかりやっている先生というのは、子どもたち一人一人に対して、このソーシャルサポートをきちんと整えられているということです。特に中学生とか高校生の、信頼する教師に関する研究などを見てみると、このソーシャルサポートを行っている先生がいるかどうかというのは、結構重要なポイントなのです。

その中でも、図3-6-2にあるお医者さんの定義というのは、結構注目できると思っています。自分が愛されているとか、尊重され価値あるものと見なされているとか、互いに責務を分かち合うネットワークの一員である、つまり、「あなたの居場所はここにあるんだ」と感じさせてくれたり、信じさせてくれたりするという。こういった情報を与えてくれるクラス、集団というのは、やはり子どもたちのストレスに強いのです。

もう少し言うと、今度は「職員室がどうか」という話です。ですから、職員室でこういったようなことが一人一人の先生方に保証されていくということが、これから大事なポイントなのではないかという

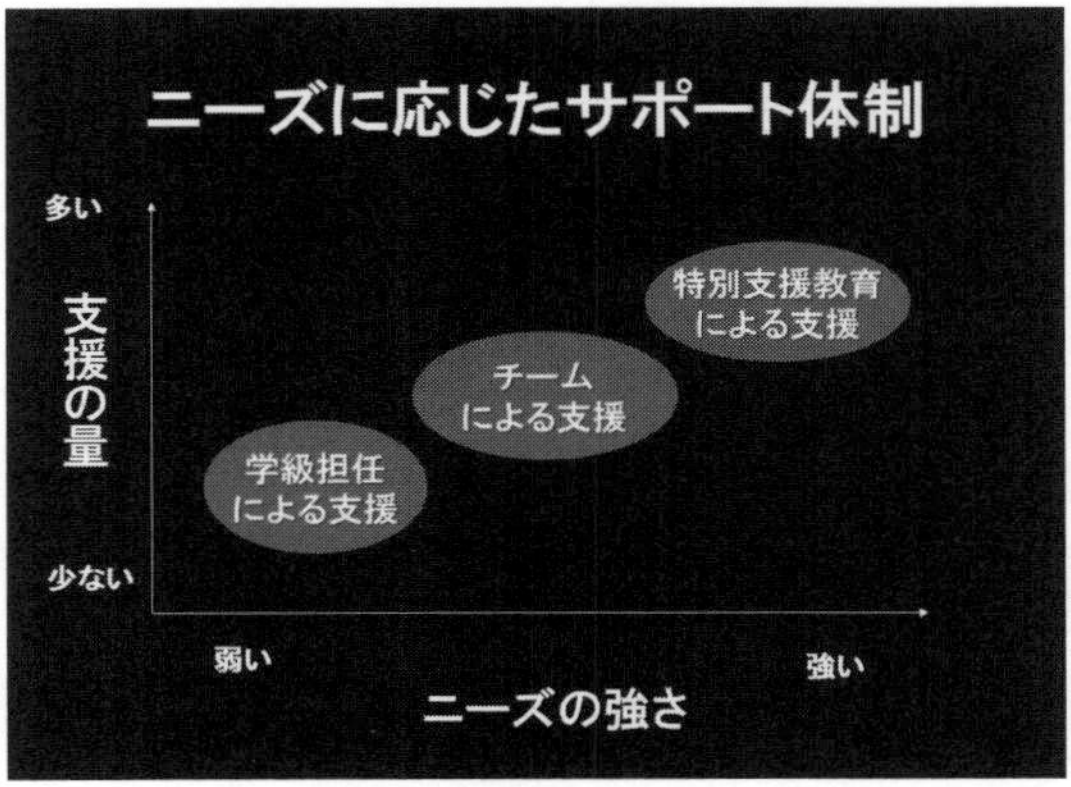

図3-6-3

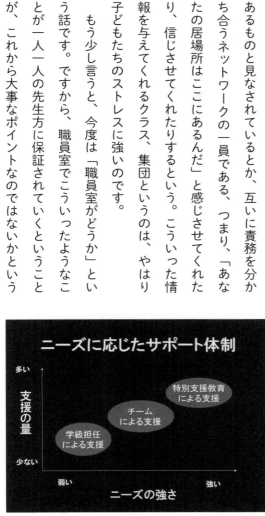

ことですね。

例えば、先生方の学級経営におけるサポートを考えたときに、学級担任個人による支援から、学校の職員チームによる支援、そして特別支援教育からのサポートを受けるなど、幾つかの段階があるかと思います。しかし、実はこういったことに対しても、あまり整備されていない現状を見聞きするわけです。学級崩壊の事例を20事例以上集めてみたのですが、大変なクラスをもっているのに、放置されてる先生方が結構いるんですね。

今後、魅力ある学校づくりを推進していくときに、その学校全体が最適化されていかなかったら、子どもの個別の学びが最適化されていくなどということはあり得ないわけです。ですから、まずは学校という全体の環境を整えていくということが重要になってくるということです。

私の実践ですが、小学校の教員だったとき、まさしく学級崩壊が全国に広がって日常化していく過渡期の状況でした。私は崩壊したクラスを任されなが

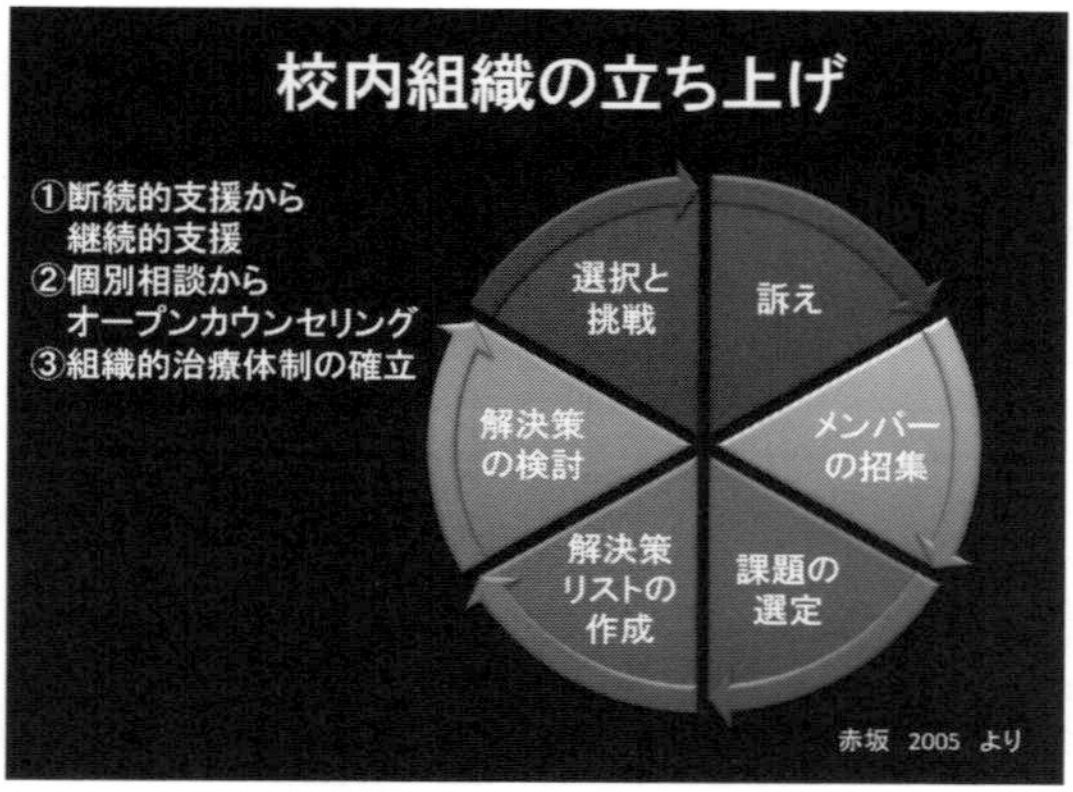

図3-6-4

ら、他の崩壊していくクラスも立て直していくということをせざるを得なかったのですが、自分一人じゃとても無理なわけです。体制をつくっていかなければいけない。そのときに、管理職とか教務主任の先生に掛け合って、学級支援をするサポート組織を立ち上げさせていただきました。考え方は、断続的な支援から継続的支援。つまり、一度関わった以上は、ずっと支援していくのです。困ったときに助けるということではなく、ずっと助けていく。そして、相談に乗り続けていくという、そういった体制をつくりました。この校内サポート委員会を、1週間に15分〜30分程度ですが、教務主任から校時表に位置づけていただきました。校時表に入っていて、定常的に開催されるわけなので、たくさんの先生方に関わっていただくことができました。

これは簡単にできることなんです。訴えが起こったら、メンバーを招集し、課題がどういうところにあるかということを選定して、そこから解決策リストを挙げて、その中から、困っている先生にやれるものを選んでいただくのです。

結局、外部から支援するときに一番問題だと思うのは、その先生ができっこないことをいろいろ求めることです。その支援が重荷になって先生方がつぶれていくなどということがあるわけです。ですから、温かい空気の中で選択肢を出し、その中で先生方に解決策を選んでいただくということを、させていただきました。その結果、何とか学級崩壊の発生や、荒れの進行を食い止めていったということがありました。

ある小学校3年生のクラスの事例を紹介します。このクラスはタツヤ君（仮名）という困難を抱えている子がいて、授業妨害などをします。注意されると大の字になって黒板の前でものすごい声で泣くものですから、授業にならないわけです。それをきっかけにして、教室全体が混乱に陥っていくという状況がありました。

そんなとき、更にもう一人の「不適切な行動をする子ども」が現れ、同時多発的に授業を妨げるので、担任の先生は疲弊していきました。そのクラスを2年間にわたってサポートさせていただきました。学級満足度を調べてみると、最初は40％程度で、ほとんど崩壊状態でした。それが何とか一年くらいで70％以上に回復していって、担任の先生は2年間の務めを全うすることができました。

これからの職員室というのは、断続的支援から継続的支援へ、そして、「あなたに力が無いから壊れるんだ」というような、責任追及型のコミュニケー

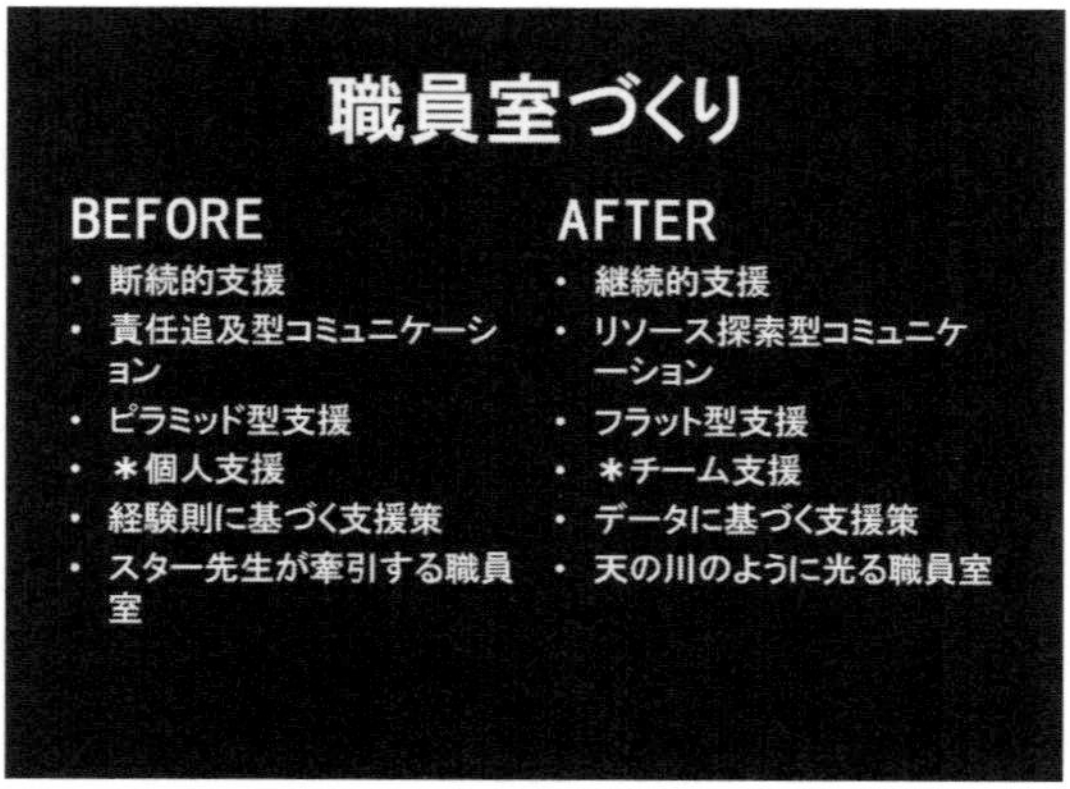

BEFORE	AFTER
・断続的支援	・継続的支援
・責任追及型コミュニケーション	・リソース探索型コミュニケーション
・ピラミッド型支援	・フラット型支援
・＊個人支援	・＊チーム支援
・経験則に基づく支援策	・データに基づく支援策
・スター先生が牽引する職員室	・天の川のように光る職員室

図3-6-5

ションではなくて、「あなたはこういうことは出来ているんだ」という、リソース強調型のコミュニケーションを取っていく。また、上下関係に基づくヒエラルキー型ではなくて、フラット型の支援をしていくということです。皆で支援していく。そして、経験則に基づく支援策、「俺がこうやったからやってみろ」というのではなく、データに基づいてある程度、「こういったようなエビデンスがあるから、これ、やっていかないか」と、そういった話をしていこうということです。ですから、一部の先生がすごく強い光を放ってる学校から、天の川のように皆で光ってる職員室になったらいいんじゃないかなあという、そういう話なんです。

この平成24年度の労働者健康状況調査によると、結局、ストレスの原因というのは、人間関係が一番だったと。これは学校現場だけの統計ではありませんが、労働者にとって、やっぱり人間関係というのが結構大きなストレスなんだということです。

これだけ学校が「ブラックだ、ブラックだ」と言われている現状です。やはり人を大事にするような、

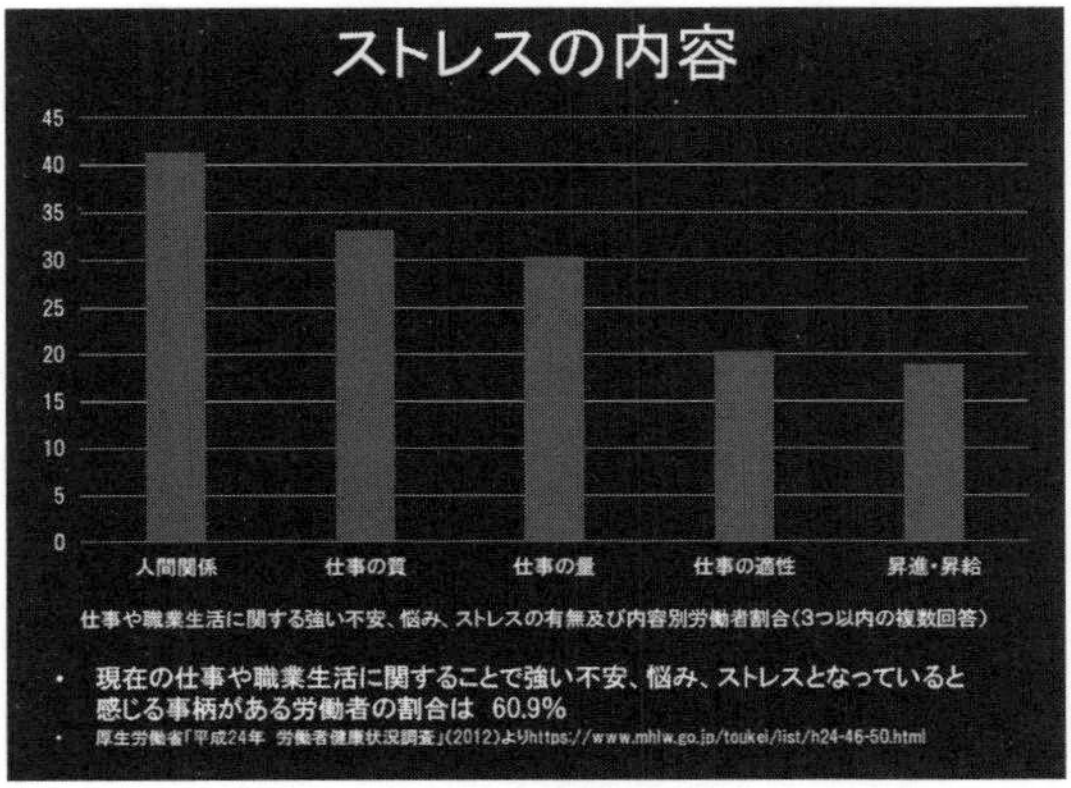

図3-6-6

環境をつくっていかなければ、もう学校とか、授業とか、学級経営というのは、あり得ない話だと思うんですよね。ですから、先生方が安心して働ける、そして、そこで多くの職員が職務を全うできる環境をつくっていく。そのためには、やはりソーシャルサポートが充実した職員室をつくっていくというのは、重要なポイントだと思います。

その一つの提案として、学級経営サポート委員会のようなものを立ち上げて、動かし、運用していくというのが大切なのではないかなと思っております。

堀田●　ちょっと付け足しをさせていただきます。多分、この後のQ８の「分業制」と関係すると思うのですが、結局、もう個人競技ではないんですよね。団体戦なんです。だから、そういうふうに、学校をきちんと捉え直すということが大事なのかなと思います。このことは学校だけの問題ではなく、例えば、経営学にも「組織開発」という専門用語があって、組織の文化とか、風土とか、そういうところをきちんと変えていく必要があるという研究もたくさんされています。そうじゃないと、働きやすい職場にはならないということですね。

あとは、ピーター・M・センゲという人が書いた『学習する組織』（英治出版）という本にも、「組織が学習して変わっていく」というのは、どうやったら生み出せるのかという研究がありますす。そういう観点から考えると、これは学校だけに留まらず、チームの在り方、チームの変化すべき手法みたいなことの議論になるのかなと。分業もそういう意味では当たり前です。今のところ、小学校では特に、優れた先生が一人だけ教務主任とか教務主任の下とかにいて、その人が全てを見るというような感じになっています。それぐらいしか、人員が割けない場合もあります。しかし、小学校に比べたら中学校は学年団でいろいろ指導していて、そもそもチーム戦をやっているわけですよね。僕は、中学校の学校経営に学ぶところが結構あるのではないかなと思います。

Q.6 に関するオブザーバーのコメント

堀田雄大 文部科学省 専門職（新潟県小学校教員から出向）

サポートし合うということで、教員みんなで関わる体制ができることに加え、さらに外部支援も必要不可欠な場面が出てくるかと思います。実際、スクールカウンセラーの方と情報交換する中で、職員皆がその子への関わり方を見出せたことがありました。可能なら外部支援の視点でも、サポートを伺ってみたいと思いました。

Q.7

教師修業・スキルアップ

谷先生は「手軽なマニュアルに頼って答えを求めようとし過ぎる教師」のお話をされていました。教師がそのようになってしまう原因をどのようにお考えでしょうか。また、そうならないためには教師は何をすれば良いでしょうか。自己研鑽を推奨することと、働き方改革のバランスをどのようにしていけばいいのか悩んでいます。

谷●　まず、「教師がなぜ、そのようになってしまうのか」という原因ですけれども、たくさんあるとは思うのですが、その中から一つだけ挙げさせていただきます。おそらく教員養成課程、つまり教員になるために勉強をしている時代に、マニュアルを習っていない。「マニュアルを習っていない」という意味は、マニュアルそのものを習ってないということと同時に、マニュアルとは何か、マニュアルとはどのようなものなのかということそのものの概念を習っていないということも含めています。それが一つの原因だろうと思います。

次に、「教師は何をすればよいでしょうか」という質問ですが、マニュアルというのは必ずしも悪いことではありません。どのような場面で、どのようなマニュアルを、どのように使うか考えれば、良いこともあります。しかし、マニュアル至上主義になってしまうと、悪いこともあるということです。マニュアル化できることとできないことを峻別し、できることについては、むしろマニュアル化した方が良いと考えています。

この代表的なものは、校務処理でしょう。私は、いわゆる業務マニュアル的なものが学校ではあまり進んでいないというのは、憂慮すべき点だと考えています。例えば、事務処理や伝達の仕方、会議のもち方など、様々にある前近代的な有り様が、まだ若干、現場に残っていると思います。そういったことについては、もっと洗練されたマニュアルにして、先生方がもっと気持ちよく「働き方改革」に向かっていけるようにしなければならないでしょう。

一方で、例えば「うちにこんな乱暴な子がいるんです。何かするたびにこうやって暴れます。この子をどうしたらいいですか」と。何かそのときに、ひと言、言えば一発で収まるようなマニュアル。これを求めているとしたら、そんなものはありません。それは、そういうことでは解決しない内容なのです。したがって、そこにはマニュアルではなくて、どうして暴れるのか、まずその原因を突き止める方策が無限にあって、そういったこと一つ一つに当たっていくということが出発点です。それが出発点だということが、原則なのです。この「原則を学ぶ」というような意味で、それをマニュアルというならマニュアルかもしれませんが、少し次元が違う感じがしますね。

今日、院生と話をしていて、「谷先生が『学校は変わらなければならない』と言うから、学校は変わらなければならないって思うんだけれども、そんなに何もかも変えちゃって、どうするんですか」というような議論になったのです。そこで、私が言ったのは「学校が変わるということについては、もちろん必要だとは言ったけれども、変わることが目的じゃないんだ」ということです。

学校が変わることそのものが目的なのではなくて、「どういう学校をつくりたいか」「どういう子どもを育てたいか」ということがあるから、だから、こういうふうに変えていこうということを考えているのです。ＧＩＧＡスクールにしても、働き方改革にしても、その他の流れにしても、全て、目的と手段とをはき違えないようにして考えていかないと、おかしなことになるよねという話をしたばかりでした。

赤坂●　自分も学校改革とか、その辺りの話は、いつも目的がすっぽ抜けるので、違和感をもっていました。今の谷先生のお話で、まさしく学校は変わらなければいけないと思いました。「何のために変わるんだ」というところの共有も足りません。

例えば、春に先生方の校内研修などの話を聞いていると、いきなり授業研が始まるわけですよね。「何のために、これをやってるのか」という、そこら辺の議論がないわけですよね。そして、「どんな学校を目指すんだ」というビジョンの共通理解もない。やはり、目的をある程度共有した上でアクションを起こしていくということを、教育界が常識的な作法や手順として、理解していくことが必要ではないでしょうか。

堀田● 今の谷先生の学生との質問のやり取りを聞いて、象徴的だと思うのは、「変わらなきゃいけないと谷先生が言った」ということと、「何もかも変えなきゃいけないのは……」と学生が思ったっていうことです。これ、僕はいつも「全部病」と呼んでいます。

例えば、「GIGAスクールで端末が入りました」と言うと、「全部端末で勉強するのはおかしい」と言う人が出てくるのです。誰も全部やるなんて言っていないのに、いつの間にか、すべて置き換えると勘違いするのです。なんか、もうこの病気が、そもそもクリティカルに考えることをしていない日本人の特徴じゃないかと思うんだけど。

それで、「どっちがいいか」みたいな話になるんだけど、どっちも良いから、入るに決まっているのです。その組み合わせ方や構成の仕方を議論しなければいけないのに、否定することで思考停止になる。それも、僕はちょっと残念だなあと思っています。これも多様性の無さが生んだことだと思うので、学校の中にいろいろあっていいのだと。Q6で言及したように、チームとして支え合うのでいいという、そういう空気をつくっていくべきだと思います。

赤坂●　「ゼロ百思考」ですね。私たちは、本当によくゼロ百思考をやってしまうのですが、結局、これは学校教育とか子育てにおいて、「人間ってそもそも全員違うんだよ」という、前提となる人間理解教育がなされていないということですね。

学校は、学級崩壊とかに対応すべく、1990年代後半から、人間関係づくり、ソーシャルスキル・トレーニングという教育を一生懸命やって来たのだけれど。実は、そこですっぽ抜けている発想があって、それが「人間理解」なのです。「皆、考え方が違うんだ」という前提に立って、話し合いなどを組織していく、指導していくということがないと、結局、今のようなゼロ百思考に支配されて、その合意形成がなぜか忖度になってしまうということですね。

ですから、そういったような、人間理解――学習指導要領にも「人間理解の教育」「人間教育」というように書いてありますが、その人間を理解するという教育を、きちんと標準装備していくことが大事だと私は思います。

谷●　堀田先生からも赤坂先生からも、ご意見をいただけて、本当にありがたいなと思います。その「ゼロ百思考」というのは、英語ではオール・オア・ナッシング（all-or-nothing）って言ったり、昔ながらの言い方では、悉無律思考（しつむりつしこう）と言ったりします。昨今、文科省の中央教育審議会の初等中等教育分科会から出た、「令和の日本型学校教育の構築を目指して」という重要文書がありますが、その中にも盛んに「二項対立に陥らない」と出てきますよね。習得型か、履修型かとか、オンラインかオフラインかとか、どちらかではないのだと。こういった文書にそういったことが表れてること自体、先生方の思考がそうなりがちだということを象徴してるんだと思いました。

Q.7 に関するオブザーバーのコメント

大久保紀一朗
島根県公立小学校 教諭

学校教育は変化が苦手で、前例踏襲に陥りがちです。地域の文化などが根強い場合もありますが、社会に開かれた教育課程と言われるように、これからは今まで以上により地域社会をうまく巻き込んで、これからのあるべき学校像をつくっていくことが求められていると感じます。そのためには、それこそ教師がクリティカルシンキングを身に付ける必要があると思いました。

Q.8

分業制

教科担任制が検討され、小学校でも一部実施されていますが、実際には人員不足等の問題もあります。また、クラス担任ではなく、子ども、保護者が多くの先生に相談できるようになるとのことで、学年担任制を行っている学校もあります。このような分業制の是非と、有効な実施方法について教えてください。

堀田●　まず、高学年教科担任制が導入されている背景は、「小学校の高学年ぐらいの教科内容は専門性が強く出てくるので、少しでも専門性がより高い人から教わった方が、子どもたちが伸びる」というデータがあって、そのようになっているのです。

ただし、より専門性が強いという話であって、専科の授業とは限らないわけです。つまり、これは運用の問題です。そういう学校とか自治体の運用の問題を、「答えを教えてください」というように質問するというのは違うと、僕はいつも思うんですね。それこそ、現場で考えて対応することだと思います。

つまり、A先生とB先生とC先生がいて、その人たちが全ての教科をそれぞれ教えているという状態を一つでも二つでも組み換えることで、教科の理解の側面から見れば、子どもたちにとってより専門的な人に習える。それと同時に、学級経営の側面から見たら、よりいろいろな人に自分のことを見てもらえるという状態をつくることが、担任の〝学級王国〟になることの暴力性みたいなことを少しでも緩和する。

その場合の専門性というのは、例えば「ICTに強い先生がいろいろなクラスを見ることで、子どもたち全体の情報活用能力が上がる」とか、そのような運用を、もっと弾力的にやりましょうという話です。そういう教育課程の編成の工夫を、カリキュラムマネジメントの一環としてやりましょうということなのであって、何か答えがあるという話ではありません。

学校事情にもよりますよね。単学級の学校だと、そうはいかないこともあるし。今どき、人が余っている学校などないので、そういう意味では、その学校の状況でやるしかないし、形式的にやっても上手くいかないことはたくさんあります。例えば、「どうしてもその先生が担当すると子どもたちが反発してしまう」というような場合、「その年はそういう状況」だということがあり得るわけです。そういうものも含めて、柔軟に運用しましょうということだと僕は理解しています。

赤坂● 「小学校高学年における教科担任制」ですけれど、私は「総論は大賛成で、各論は慎重に」というようなことを思っています。実際、私は生徒指導困難校に勤務していて、必要に迫られて、高学年でずっとやっていたんですね。そのときに私たちが十分配慮したのは、教科担任制と同時に、生徒指導のシェアができるかどうかということです。先ほど、堀田先生がおっしゃいましたけれど、中学校に学ぶことが多くありました。

学級王国の暴力性をできるだけ軽減すること、それから、教科等の専門性の高い教師が教えることによるメリットは、たくさんありますが、一方で、「荒れ」が「飛び火」するリスクも背負うわけなので。管理職の先生方にお願いしたいのは、是非とも生徒指導のシェアをしてもらいたい。つまり、学級を超えた生徒指導システムをつくった上で、小学校における教科担任制を進めていっていただきたいということです。

堀田●　人員配置については、教員定数が法律で決められているので、その法律で決められてる教員定数を割合として増やすのかという話になります。これは公務員の数を増やすということになるので、そう簡単にはうまくいきません。ただし、新しい教育に対して様々な困難があって、例えば英語が入ってくるとか、そういう困難に対して、加配で増やすというやり方で、文部科学省は教員の数を増やしています。

教員というのは、県費負担で、都道府県が採用試験をやってるわけですから、法律で定められた教員定数を超えていれば、「何人、どこの学校に配置するか」も、全部、市町村と都道府県の判断です。国が一律に決めているみたいに思われていますが、そこが実は大きな課題です。中学校では教科の免許の関係で人員の余剰ができるわけですけれども、小学校には、今、それが無くて困難を来しています。それを私たちも訴えていますが、法改正までしなくても採用人数を少し多くすれば済む話で、実は都道府県の問題である部分が大きいかと、僕は思います。

Q.8 に関するオブザーバーのコメント

曽我麻友美　北海道公立中学校 教諭

中学校でも生徒指導情報をシェアするチャンスは限られています。学年団の風土に委ねられるのが現状です。対生徒の実践からではなく、教師間でのＩＣＴを活用した情報のシェアから始めるのも手かと感じました。「あって良かった」「あって助かった」という実感が、抵抗感を和らげ、次への意欲に繋がるように思います。

Q.9

ハイブリッド学習

今後、コロナ禍が収束した場合も「同時双方向型のオンライン学習」は必要になるのでしょうか。収束後は「教室での対面学習」だけでもいいと考えています。どのように「同時双方向型のオンライン学習」を導入したらよいですか。また、小学校教育でのハイブリット型授業のスタンダード・将来像を教えてください。

谷●　お答えとしては、「はい、必要になります」ということになります。「収束後は教室での対面学習だけでもいいと考えています」というご質問に対しては、「私は、そうは考えていません」ということになります。

「同時双方向型オンライン学習をどのように導入したらよいですか」とありますが、オンライン学習というのは、同時双方向型だけではなくて、非同期型のいわゆるオンデマンド型というものもあるわけで、両方をミックスさせて組み合わせていくということが重要です。

それでは、コロナ収束後はそういったものは要らないのかというと、コロナがあろうがなかろうが、オンライン学習を有効に活用している事例というのは、もう既にあるわけです。それが有効に効果を上げているというところからは、しっかりと学んでいかなければならないということですね。

それに加えて、Q７でご紹介した「令和の日本型学校教育の構築を目指して」という文書にも出てくるように、今後、社会が大きく変化していくということは確実視されています。これは「Society 5.0」と言われるようなものが一つ。もう一つは、今回のコロナに代表されるように、何が起きるか分からない、予測不能な社会、予測困難な社会、社会が複雑さを増しているということがある。したがって、今後、どのようなことが起こるか分からない変化に対応していくという点では、「対面型でいいんじゃないの」ということではなく、いろいろなオプションを、私たちはもっておく必要があるということが言えるわけです。

「どのように導入したらよいですか」ということですけれども、非常に大きな形でご質問をいただいていますね。私としては、「どのように」と言われたら、「すぐに」導入したらよいと思います。それで、「すぐに導入する」といっても、導入することが目的化してしまうわけにはいかない。そうではなくて、「一体何のために導入したいとお考えなんですか」というようなことです。「ハイブリッド型授業のスタンダード、将来像を教えてください」ということではなくて、それを、皆さんがつくっていくのです。ハイブリッド型の将来像とスタンダードを、全国の日本の先生方がつくっていく必要があるのです。

ポストコロナの段階における新たな学びの中に、「対面と遠隔・オンライン教育のハイブリッド化」があります。ご質問の方は「ハイブリッド型」と言っていますけれども、文科省が使ってる言葉は「ハイブリッド化」です。ハイブリッドという、何か一つの型があって、何かスタンダードなものをかっちりと決めるということではなく、ハイブリッド化していくという言葉を慎重に選んで使われているわけです。「そういったことが様々なニーズに合わせて必要になりますよ」ということです。

ちなみに、私たちは既にハイブリッド化しようとした、職員研修や教員研修を実施しています。オンラインで結んでいる人たちと現場にいる人たちとが、まさにリアルな感じでやり取りしていくといったようなことは不可能ではなく、逆に、その方が効果が上がるケースもありそうだということについては、実感をもっているところです。

Q.9 に関するオブザーバーのコメント

浅井公太
静岡県公立小学校 教諭

ハイブリット化することで、授業の流れが大きく変わる予感がします。現場の私たちがその形をつくっていかなければならないと使命感をもちました。今年度はコロナ禍ということで、ほとんどすべての行事・授業で「例年通り」は通用しないと痛感しました。この考えをもち続け、変わっていくことが大切だと思います。

松島博昭
群馬県公立小学校 教諭

体育の表現指導「ソーラン節」を指導する際に、YouTubeを活用しています。非常に分かりやすく、踊りを解説しています。指導パーツごとの動画もあり、自分が踊るよりも分かりやすく指導できました。今後の指導のあり方の変化を感じました。YouTubeは、家に帰ってからも練習できます。別教科でも同様の指導ができると感じました。プロダンサーしかできない指導でした。また、Live配信も行っており、小学生がチャットを使い質問をしていました。今後の教師のあり方も考えさせられました。

Q.10

管理職・自治体

将来デジタル教科書がデフォルトになるというお話についてです。子どもたちはいつ、どこでも教科書を開くことができ、まさに学びを止めない環境に変わっていくのだなと感じました。しかし、私の所属する自治体では、貸し出し端末の持ち帰りはしない等、制限が多くあります。逆に、社会的な格差によってさらに学力の差が広がってしまうと考えます。そのような状況に陥らないためには、教育委員会はどのような対策を取ったら良いのでしょうか。

堀田●　まず、将来、デジタル教科書がデフォルトになるというのは、いつなるかは分かりませんが、そういう方向で考えられています。今、皆さん、新聞記事はネットで読むのと紙の新聞で読むのとどっちが多いですか。そういう話と同じで、時間をかけて移行していく、そのプロセスのことを文部科学省では「何とか化」とよく言うわけです。Q９の谷先生の「ハイブリッド化」の話と同じですね。

紙の教科書だけではなくて、デジタル教科書も使うようになっていくと、だんだん、「どういうときにはどっちを使う」みたいなノウハウが溜まっていきます。それは先生にもよるし、教科にもよるし、発達段階にもよるし、情報活用能力の程度にもよるんだろうけれども。そういうようなことがだんだん明らかになってくると、そのうち、デジタル教科書の割合の方が多くなって、デジタルトランスフォーメーションが起こって、デジタル教科書がデフォルトになるというようなことが、想定されているということですね。

ただし、それは端末がないとできないことです。しかも端末があるかないか、あるいは、端末を使った情報活用能力があるかないかは、今のところ家庭資本に依存してるわけです。それは、やはりまずかろうということで、一人一台、国家予算まで投入して整備してるわけですね。それがGIGAスクールです。

ですから、それを持ち帰らせないことにしているという教育委員会の考え方が大きな問題なのであって、それは文部科学省のせいでも端末のせいでも何でもありません。今、これからの時代のことを考えたときに、子どもに身に付けさせなければいけない能力とそのための教育環境として、国家予算まで使われたそれを持ち帰らせないようにしてるのは、なぜなのかということの方が、クリティカルに考えなければいけないことではないかと思います。

多分、この自治体では、個人情報保護条例の問題と、備品を持ち帰って何かあったときの制度が決まっていないので、こういうことが起こるんだと予想します。けれども、いずれ端末は備品ではなくなると僕は思います。「家にあるパソコンを持ってきてもいいですか」と子どもが言ったときに、「いいよ、もちろん」と。「学校にあるやつより、自分でカスタマイズした自分のパソコンのほうが勉強しやすいんですけど」と言ったときに、「いいよ」と言うようになると思うんですよね。そこの選択権は多様性で、そこは認めるようになると思います。

そのようになることを考えると、「いずれ持って帰る」ではなくて、持ってくるものになると思います。これがＢＹＯＤ(Bring Your Own Device)で、それを家庭が負担するというのは、今のような学校の状況では、保護者は反発するに決まってるわけです。でも、ＧＩＧＡスクールで、国の予算で入った物を使って、子どもたちが生き生きと勉強して、それで今日的な学力を付けてるということになれば、「やっぱり保護者負担で買ってもいいんじゃないの」となるわけです。この移行していくプロセス、ハイブリッド化していくプロセスの見通しを、きちんと自治体がもっておかないといけないと思います。

あと、個人情報保護条例「２０００個問題」というのは、だからデジタル庁が出来たわけです。自治体ごとに、いろいろなつまらない細かい取り決めをしていて、それがあるがために情報が広く集約できなかったり、広く集約できないから実態がさっぱり分からなかったりするという、今の時代にあるまじきことを、ローカルのいろいろな条例が阻んでいるわけです。

「その条例は、平成二年改定、そのままです」みたいな、そういうところがたくさんあるわけですよ。全く時代に合っていないわけです。特に教育においては、国家の意思として、一種の統一みたいなことを国の法としてやるべきではないかという議論があります。だからデジタル庁みたいなのができるという話なんですね。菅総理が好きだから出来ているとか、そういう話ではないわけです。このことをきちんと、現場教員と教育委員会が認識しないといけないのではないかと思います。

最後に、端末を持ち帰るとか、持ち帰らないとか、あるいは、それで家庭学習をどういうふうにやるかというのは全部、運用問題です。それは全部カリキュラム・マネジメントの範囲で、各学校が責任をもってやるということを教育委員会も認めるべき内容だと僕は思います。各学校に十分任せきれない状況があって、統一した方がより効果が上がるというのであれば、教育委員会が設置者として、費用負担も含めてやるべきことです。何かこう、よそ事のように正しい方法を無性に求めてみたり、あるいは「国はどう考えているんですか」と言ってみたりすることのおかしさを、僕はきちんと指摘しておくべきかなと思います。

Q.10 に関するオブザーバーのコメント

棚橋俊介
静岡県公立小学校 教諭

先行実施として教育委員会公認で一人一台端末の取組を行わせていただけているので、まさに今こそ私たちからも声を上げていかなければならないと思いました。

桑原和彦
茨城県公立小学校 教諭

すべて運用の問題というすっきりした堀田先生の言葉に、勇気を頂きました。一教諭でできること、逆に議員さんと動くことなどヒントを頂きました。公務員が甘えているといわれないよう励みます。

あとがき

堀田 龍也

今回の鼎談は二〇二〇年一〇月五日の夕方にオンラインで実施されました。Q&A部分は一〇月一九日でした。それからスタッフのみなさんが鼎談が文字起こしされ、ゲラになって私に届いたのは一二月一〇日。早いですよね。でもそこに同封されていたお手紙には、一二月二三日までには校了しなければならないと書かれていました。二三日に校了か。前々日ぐらいまでには提出できるようにがんばらなくちゃと予定を組んでいたら、一二月一五日に「まだですか」とのスタッフからのメールが(鬼)。

コロナ禍とはいえ、私は文部科学省等への出張も多く、オンライン会議も目白押しで、その合間を縫って一冊分のゲラを全部読み、赤入れをし、そしてあとがきを書くという、それをこの数日でやるということになったわけです。

そんな愚痴(言い訳?)から始まったこのあとがきですが、私には思い入れもあります。

第一弾は『「これからの教室」のつくりかた』という書名でした。二〇一九年三月にノリで企画がスタートし、六月に鼎談、一〇月に出版というスピードでした。スタッフとして裏方で活動された教育技術研究所の安田さん、田村さん、学芸みらい社の小島さんは、本当に大変だっただろうと思います。

第一弾はそれなりに話題となり、第四刷まで行きました。いくつかの新聞に書評を掲載していただくことができました。その中でも、二〇一九年一一月の教育家庭新聞の書評には、なんと「あとがきは必読」と書かれていたのでした。その理由は書かれていなかったので、なぜ必読なのかはわからないのですが、普通あとがきは書評には載らないはずだと思うと、機嫌良くなったわけです。

そして第二弾のあとがきも担当することになり、二匹目のどじょうはいない気がして、今、ちょっと困っているというのが本音です。

第一弾のキーワードは「クロスボーダー」でした。

専門職である教師にも当然必要とされているはずなのに、なぜか軽視されがちな教育技術を、人生を賭けてその体系化や普及に取り組んできた谷先生の話は、若手教師急増のこのタイミングにおいて、たいへんな説得力がありました。社会が多様化し人間関係も希薄化しがちなこの時代で、さらに重視されるべき学級経営の在り方を検討してきた赤坂先生の話では、そんな時代になぜか「学級経営」が教職課程で必修科目にもなっていないといった現実を示され、時代の変わり目に制度が追いついていない現状を指摘してくれました。堀田からは、教師がＩＣＴを活用するということの本質的な意義は授業力向上にあること、プログラミング教育に代表される新しい教育内容は、世間ズレした学校の実情をもう少し世の中にフィットさせることなのだということを主張しました。

佐藤先生は、どれだけでも話し続ける私たちに困った表情をしながらも、話の合間を補完する解説等によって読み応えのある書籍にすることに貢献してくれました。その結果、それぞれの分野で活躍する第一人者が、「越境して」議論し、何に同調でき何が対立するのかを議論することができました。

それから一年四か月。この間に私たちは、新型コロナウイルス感染症（COVID-19）の感染拡大と、政府の判断による学校の休業という大きな経験をしました。このあとがきを執筆している今も、まだ渦中にあります。まさに未曾有の経験をすることになりました。

そんな今だからこそ、第二弾を企画してはどうか……。そんな佐藤先生の熱い思いから始まった企画でした。

第二弾は『「あたらしい学び」のつくりかた』という書名になりました。前回同様、日程調整には苦労しました。鼎談はやっぱり対面だろうという想いもあったのですが、コロナ禍はなかなか厳しく、さまざまな社会状況を勘案し、鼎談はオンラインで実施することとなりました。

オンラインでも、それぞれの立ち位置から、それぞれの専門性でコロナ禍が語られ、コロナ禍によって自分の分野にどんな課題が生じ、どんな前進が見られたのかを共有していきました。

司会の佐藤先生が準備していた段取りは大幅に狂いましたが、発散しがちな私たちの話を佐藤先生は一生懸命に収束させてくれました。特に下打合せをしたわけでもない鼎談でしたが、休憩を含めて三時間ほどの時間があっという間に感じられました。

今、文字になった原稿をあらためて読み直してみると、第二弾のキーワードは「ニューノーマル」だったのだと感じます。

谷先生は、コロナ禍の最中に全国で実施されたオンライン授業の経験をもとに、オンライン授業における教育技術を、これまでの教育技術体系にどのように位置づけるかについて、すでに検討を進めていました。教育の主体は人ですから、オンラインになったとしても原理的な部分は変わりがないものの、授業を提供する媒体が変わるということにおける新しい教育技術を整頓する必要があるという谷先生の話には、またもやたいへんな説得力がありました。

赤坂先生は、コロナ禍によって各地で体験された、オンラインにおける子供同士あるいは教師と子供たちとのコミュニケーションの特徴を整理され、それらの難しいコミュニケーションをも引き取って経営しなければならないこれからの時代の学級経営について言及されました。そしてこの話は、第一弾の時に赤坂先生が主張された多様性の時代の学級経営を、さらに混沌とさせるものであり、一定の整頓が必要であることを示唆していました。

堀田からは、コロナ禍においてオンライン授業があまり実施されなかった理由について、情報インフラの整備の課題や、学習におけるICT活用がOECDで最下位だったという現実を示しながら説明した上で、そもそもなぜそんな体たらくだったのかという我が国の学校現場の運用的課題について指摘しました。GIGAスクール構想によって、教師によるICT活用から児童生徒によるICT活用に視点が移行していますが、それは世間ズレした学校での学習を、もう少し世界標準にフィットさせるということなのだということを主張しました。

三人の主張はいずれも、オンラインか対面かといった見かけ上の違いを包含した、新しい時代(ニューノーマル)の学校教育の在り方を検討する必要性を説いているものだったと思います。


佐藤先生が鼎談の最初の方で話していますが、コロナ禍だからこその第二弾の企画であり、コロナ禍だからこそのオンラインによる鼎談への挑戦でした。私たち関係者は、第二弾の出版までに、とうとう一度も一堂に会すことがなかったのです。これは大きな前進だとも捉えることができます。まさにニューノーマル時代の仕事の仕方です。


最後に、もう一つだけみなさんに知っておいて欲しいことがあります。

第一弾のあとがきにある「あのシアトルの夜」の支払いは(この話がわからない方はぜひ第一弾をご購入あれ)、まだ未精算です。だって一度も一堂に会すことがなかったのですから。

オンライン決済の時代なのに、まだ精算してくれない未納者の方々に、ここに請求をしておきます。

［著者紹介］

堀田龍也（ほりた・たつや）

東北大学大学院情報科学研究科教授。博士（工学）。専門は教育工学・情報教育。東京都公立小学校教諭を経て大学に転身。日本教育工学会副会長。中央教育審議会委員、教育再生実行会議初等中等教育WG有識者等を歴任。著書「情報社会を支える教師になるための教育の方法と技術」（三省堂）、「新学習指導要領時代の間違えない小学校プログラミング教育」（小学館）等。

赤坂真二（あかさか・しんじ）

上越教育大学教職大学院教授。学校心理士。19年間の小学校勤務では、アドラー心理学的アプローチの学級経営に取り組み、子どものやる気と自信を高める学級づくりについて実証的な研究を進めてきた。2008年4月から、現所属。即戦力となる若手教師の育成、主に小中学校現職教師の再教育にかかわりながら、講演や執筆を行う。著書「アドラー心理学で変わる学級経営　勇気づけのクラスづくり」「学級経営大全」（明治図書）他多数。

谷　和樹（たに・かずき）

玉川大学教職大学院教授。北海道札幌市生まれ。神戸大学教育学部初等教育学科卒業。兵庫教育大学修士課程学校教育研究科教科領域教育専攻修了。兵庫県の公立小学校に22年勤務。TOSS（Teachers' Organization of Skill Sharing）代表。著書「子どもを社会科好きにする授業」（学芸みらい社）、「谷和樹の学級経営と仕事術」（騒人社）他、書籍共著・論文多数。

佐藤和紀（さとう・かずのり）

信州大学学術研究院教育学系・助教。博士（情報科学）。元東京都公立小学校・主任教諭。専門は、教育工学、教育方法学、情報教育。文部科学省「学校におけるICT環境整備の在り方に関する有識者会議 効果的なICT活用検討チーム」、同「児童生徒の情報活用能力の把握に関する調査研究 企画推進委員会」委員、同「教育の情報化に関する手引」執筆協力者，同ICT活用教育アドバイザー等を務める。日本教育工学協会理事等。

“先生の先生”が集中討議！ 2
子どもも教師も元気になる
「あたらしい学び」のつくりかた
デジタルトランスフォーメーション時代の教育技術・学級経営

2021年2月20日　初版発行

著　　者　堀田龍也　赤坂真二　谷 和樹　佐藤和紀
発 行 者　小島直人
発 行 所　株式会社 学芸みらい社
〒162-0833 東京都新宿区箪笥町31 箪笥町SKビル3F
電話番号：03-5227-1266
http://www.gakugeimirai.jp/
E-mail：info@gakugeimirai.jp
編　　集　株式会社 教育技術研究所
〒142-0064 東京都品川区旗の台2-4-12 TOSSビル
電話番号：03-3787-6564
https://www.tiotoss.jp
印刷所・製本所　シナノ印刷株式会社
ブックデザイン　吉久隆志・古川美佐（エディプレッション）
口絵デザイン　信吉

落丁・乱丁本は弊社宛お送りください。送料弊社負担でお取り替えいたします。

ISBN978-4-909783-64-6 C3037